オードリー・タンが語る
デジタル民主主義

大野和基［インタビュー・編］ Ohno Kazumoto

NHK出版新書
670

はじめに

本書は、台湾のデジタル担当大臣であるオードリー・タン（唐鳳）氏に複数回にわたって英語でインタビューを行い、それを編集し再構成してまとめたものである。

オードリー・タン氏といえば、新型コロナウイルス下でデジタル技術を駆使して迅速なマスク対策を実施し、買い占めやパニックを鎮《しず》めることに成功したことで、世界中の耳目を集めた先覚者だが、氏の功績はそれにとどまらない。はるか以前から、デジタル技術を用いて公共の利益や政治のために何ができるかを追究し、誰もがもっと容易に政治参加できる、より開かれた民主主義を実現するために尽力してきた改革者でもある。

その一例が、誰もが政治的な提案をインターネットで請願できるＪｏｉｎというプラットフォームの導入だ。選挙権を持たない学生であっても請願でき、それに対して５０００

人以上の賛同があれば行政側はその請願を取り上げ、検討しなくてはならないため、一般市民の声がより政策に反映されやすい仕組みになっている。

そのほか、台湾では市民自らがデジタル技術を用いて政策内容や予算の視覚化に積極的に関わったり、フェイクニュースに対抗してファクトチェックを行ったりと、人々の公益に向き合う意識や主権者としての意識が非常に高い。その背後に貫かれているのが、行政側の徹底した情報公開や説明責任を果たそうとする姿勢、そして何より市民に対して抱いている信頼である。

いったいなぜ、こうした透明性のある相互信頼にもとづいた政治が可能になったのか？実際にはどのような運用がなされているのか？　こうした問題意識を念頭にインタビューを敢行し、具体的な実例とともに、通底する思想の部分も存分に語っていただいた。

翻って日本では、毎回選挙の投票率は低く、政治不信や政治への諦めが蔓延《まんえん》しているように思う。デジタル行政についても、マイナンバーですら普及がすこぶる遅れているので、台湾や欧米のようにその制度の真価を発揮するまでには程遠い。こうした状況下で、台湾の先駆的な試みや画期的な事例を紹介することは意義があり、日本のＤＸ（デジタル・

トランスフォーメーション）を推進するうえでも多くのヒントが得られるのではないだろうか。

それは何も国政だけの話ではない。各市町村や企業、そしてそこに所属する市民にとって瞠目《どうもく》に値するアイデアが詰まっているので、一般市民こそ実際に参考にし、実行できるアイデアもあるのではないだろうか。なぜなら、台湾のモデルは、行政（ガバナンスを担う人）と市民が共通の目標に向かい、協働で問題解決に取り組むモデルだからだ。

最後に、本書の編集にあたっては、書籍やネット等の情報も参考にさせていただいた。それらについては、巻末の参考文献に掲載させていただく。

2022年1月

大野和基

オードリー・タンが語るデジタル民主主義　目次

はじめに……3

序章　デジタルで民主主義を改良する……13

SNSの負の側面
安心して議論できるデジタル公共インフラを作る
代議制民主主義とデジタル民主主義
民主主義はテクノロジーである

第1章　開かれた行政府をつくる……27

オープンガバメントの基本は政府が市民を信じること
ブロードバンド接続は基本的人権
誰一人置き去りにしない社会を作る

徹底した情報公開が人々の協働をはぐくむ
市民と政府の相互信頼が基盤
「全民健康保険制度」を活用して公平さを担保する
「SARS」の教訓が意識と行動を変える
説明責任を重視することで共同学習を促す
オープンガバメントはリスクを取り除く
市民参加の政治は公務員の意識を向上させる
「PDIS」に求められる3つの能力
プライバシー保護を可能にするアプローチ
使い慣れた既存のシステムで市民の安心感を増幅
ソーシャルイノベーションは「社会課題の解決」が前提にある
生活の中で当たり前に存在するイノベーション
意思決定の速度を上げる「サンドボックス」制度
予算調達のスピードを上げてイノベーションを活性化
「台湾モデル」は小さな地域から始められる

第2章　私はなぜ民主主義に関わるようになったのか……77

民主化運動研究をしていた父の影響
考える力を身につけた「ソクラテス式問答法」
インターネット・コミュニティとの出会い
「協働ガバナンス」という考え方
社会民主主義的コミュニティが根づく文化
オープンソース運動との関わり
シビックハッカー・コミュニティ「ｇ０ｖ」の誕生
市民の政治関与への機運が高まった「ひまわり学生運動」
リバースメンターとして政府に招かれる
オープンソースは独裁を排除する

第3章　市民参加型の討論を実現……105

誰もが電子請願できる「Ｊｏｉｎ」
「返信」機能をつけないことが意見を活発化させる
共通の価値観を見いだしてイノベーションにつなげる
意見の対立には先の世代を見据えた話し合いを持つ
真っ向から意見が対立しても合意できる

お互いに耳を傾ける姿勢が健全な議論を生む
合意形成を可視化させる技術「Pol.is」
投稿を繰り返すほど意見が洗練される
市民運営のプラットフォーム「vTaiwan」

第4章　投票方法のアップデート……131

シナジーを生む投票方式「クアドラティックボーティング」
投票者の意思・志向が反映されるシステム設計
クアドラティックボーティング方式の向き不向き
政治風土を変えることなく政治参加機会を増やす
デジタルで選挙のインテグリティを高める
投票率を上げるのは3つのF

第5章　さまざまな問題をどう乗り越えるか……149

「噂よりもユーモア」でインフォデミックに対抗
市民参加型ファクトチェックシステム
ファクトチェックを支える「調査報道」

集団的知性を発揮させるエコシステム
SNS依存にならないプロソーシャルな付き合い方
プライバシー保護の規範モデルを提供したアップル
安心して議論し合える公共インフラとは
デジタルコンピテンシーを向上させる新教育プログラム
教師と生徒は「共同学習者」である
地域や企業と連携した実践的なプロジェクト
民主主義の精髄はレジリエントであること
「グッド・イナフ」のコンセンサスを後世へつなぐ

参考文献……187

＊本文中の注番号は、章末の注（編集部作成）を参照。

序章　デジタルで民主主義を改良する

SNSの負の側面

デジタルは人と人をつなぐツールです。インターネットの誕生以来、人々のコミュニケーションは双方向になりました。テレビや新聞などのメディアが送り手と受け手に分かれていて、一方的に情報が送られるのに対し、インターネットやソーシャルメディアは、誰もが情報や意見を投げかけたり聞いたりできるのが最大の特徴です。私自身も、14歳のときにインターネット・コミュニティに出会い、年齢も性別も国籍も関係なく、同じ目標を共有して助け合うことに喜びを覚えました。

私は、2016年に現・蔡英文政権の行政院（日本の内閣と省庁を合わせたもの）に入閣し、デジタル担当政務委員（大臣）としてデジタル民主主義を推進しています。人と人をつなぐツールであるデジタルと「民主主義」を結びつけることで、市民が政治に参加する機会を増やせると考えたのです。

現在はSNS（ソーシャル・ネットワーキング・サービス）などのソーシャルメディアが浸透し、国境やバックグラウンドを越えて、市民どうしが交流する機会が格段に増えました。私自身も日頃からツイッターなどを使って日本の皆さんとさまざまな交流をしています。

しかし一方で、SNSについては、誹謗《ひぼう》中傷やフェイクニュースの横行、そしてポピュリズム（民衆迎合主義）や排外主義的なナショナリズムなど、社会の分断を助長する面があると指摘されているのもまた事実です。私もよく、この問題について意見を求められますが、私としては、ソーシャルメディアは、プロソーシャル（社会に利益をもたらす）な存在にもアンチソーシャル（反社会的）な存在にもなり得るものだと思っています。他方で、たしかにSNSがアンチソーシャルな負の側面を持っていることは否定できません。これがどういうことかを、考えてみましょう。

SNSの本質は、「ホモフィリー（同類性）」です。つまり、自分と考えや価値観の似た人間と付き合うことを好む傾向があるということで、ひと言で表すなら「類は友を呼ぶ」でしょう。ツイッターでも、フォローし合うのはほとんどの場合が、自分と似た考えを持っている人です。誰かの投稿をリツイートするときも、その考えに賛同して、それをより広く知ってほしい、という気持ちによるものが多いでしょう。

「フィルターバブル」という言葉を聞いたことがあると思います。これは、アメリカの活動家イーライ・パリサーが提唱した概念です。インターネットには、アルゴリズムがユーザーの興味や検索傾向を分析し、コンテンツを選り分ける「フィルタリング」機能がありますが、これによって自分の意見と似たような情報だけが提供され、異なる意見に触れることを難しくさせています。フィルターバブルはこの状態を、1人ひとりが「情報の泡（バブル）」に包まれていると表現しています。そしてSNSのアルゴリズムは、まさにこの傾向を強くするように設計されているのです。

しかし、民主的なプロセスで最も重要なのは、相手の意見に耳を傾けることです。人はもともと異なる意見を持つからです。そして当然、自分と反対の意見が正しい可能性もあるわけです。ところがフィルターバブルの中にいる人には、バブルの外の反対意見が見えないため、自分と異なる意見に耳を傾けるどころか、自分の意見が正しいという意識がますます強化されてしまいます。

その結果、自分の意見こそが絶対的に正しいという幻想に陥り、自分と似たコメントや意見に対しては熱烈に支持しますが、自分と異なる意見に対しては怒りという激しい感情を伴い、それが「炎上」を引き起こすこともあるのです。

こうした現象の連鎖が、社会の分断をさらに進め、民主主義を弱体化させてしまいます。ここで言いたいのは、SNSは冷静な議論の場としてはまったく適していないということです。

安心して議論できるデジタル公共インフラを作る

他方で強調したいのは、こうした現象というのは、その空間にいる人の性格や特徴によるものではなく、それを構成する空間の特徴であるということです。つまり、大切なのは、市民が安心して冷静に議論できる空間を設けることなのです。特に、人々の痛みを伴うような喫緊《きっきん》のテーマを議論する場合は、フラストレーション、恐怖、希望、喜びなど、自分の感情をきちんと表現できる安全な空間があることが重要です。そうして冷静に議論し合える公共インフラがあることが、立場の異なる人々の間に共通の価値観を見いだし、互いにそれを共有することを可能にするのです。

そのため台湾では、市民が政治について自由に意見を表明できる独自のプラットフォーム（Ｊｏｉｎ）を構築しました。オンラインの公共インフラ空間を使って、誰もが政策などについて電子請願でき、その発案に対して60日以内に５０００人以上の市民が署名（賛同）すれば、政府は必ず議題に取り上げて、２か月以内に担当部局がその検討結果を公表することをルールにしています。

例えば、こんな請願事例がありました。ある市民が発起人となり、レストランやテイクアウト店で提供されるプラスチック製のストローなどの全面使用禁止を求めたケースです。市民の間では環境保護に対する関心が高く、この請願はまたたく間に５０００人分の署名を集めました。

この事例では、発起人をはじめ、プラスチックの製造業者や環境保護団体、行政院環境保護署（環境省に相当）など、さまざまなステークホルダー（利害関係者）が関わることになります。そうした人たちとの多くの話し合いを経て、最終的には段階的な使用禁止が政策として認められ、製造業者は、プラスチックの代替として、紙やサトウキビ繊維、有機廃棄物など再利用可能な資源で製造することを承諾したのです。私が普段、コーヒーを飲むときに使っているカップも再利用可能な資源でできていますが、これはまさにプラスチック製のストローが禁止されたことの直接的な影響です。

このプラスチック製ストローの禁止を求めた発起人は、じつは16歳の女子生徒でした。

このことをお話しすると、皆さんは一様に驚かれますが、選挙権のない若い世代が、このオンラインの公共インフラを使って活発に政治や議論に参加しています。これはあくまで一例にすぎませんが、デジタルを使ったこうした取り組みは、確実に市民が政治に参加する機会を増やします。つまり、政治参加の機会は、数年に1度行われる選挙や国民投票だけではないということです。

このときに大切なのが、誰一人置き去りにしないというインクルーシブ（包摂的）な視点です。誰もが公平に政治に参加できるようにするには、前提として、誰もが等しくブロードバンドに接続できることが不可欠です。そこで台湾では、ブロードバンドを「基本的人権」ととらえ、遠隔地や僻地《へきち》を含め、全土において安定的に接続できるインターネット環境を整備しています。人や場所によってデジタル格差があれば、民主主義は正しく機能しません。またこのインフラがあることで、遠隔医療、教育にも役立てられます。

おかげで台湾では、格差が縮まりつつあります。社会における所得の不平等さを測る指標として「ジニ係数」と呼ばれる指標がありますが、0から1の範囲で、値が大きいほどその集団で格差が大きいことを示します。2020年の台湾のジニ係数は0・34を下回りましたが、10年前は0・345でしたから格差は縮小しています。

さて、台湾でこうしたオンラインの公共インフラが構築されたのは、2014年3月18日に起きた「ひまわり学生運動」がきっかけでした。大学生を中心とする数百人もの若者たちが立法院（国会に相当）を占拠して、当時審議中だった中国との「海峡両岸サービス貿易協定」[*1]を、十分な審議を経ずに無理やり立法院を通過させた国民党（当時の与党）に対して、強く抗議したのです。

若者らが求めたのは、協定の廃止とオープンガバメント（開かれた政府）でした。この経験を経て、私たちは市民の政府への信頼を取り戻すべく、透明性を最重要視するようになりました。現在は、行政の会議ひとつにしてもライブストリーミング（映像や音声をリアルタイムで配信すること）や文字起こしが公開されていますし、市民自身がデジタル技術を活用して、政府の予算内容や毎年の施行状況などをオンライン上でわかりやすく視覚化したりしています。

すべてのプロセスを明らかにすることによって、市民の行政府に対する信頼が高くなり、それがまたさらに市民を政治参加させるという好循環につながります。できるだけ多くの市民が直接、政治的なプロジェクトに参加することに価値があると思うのです。

代議制民主主義とデジタル民主主義

台湾ではこのように、デジタル技術を使って市民が直接、政治に参加することを重視しているため、私たちが従来の代議制民主主義（間接民主主義）を否定しているようにとらえる方もいますが、決してそうではありません。また、代議制民主主義を強化するために、デジタル民主主義を発明したわけでもありません。

まず、代議制民主主義とは何かを改めて考えるのに、出版社を例にとるとわかりやすいかもしれません。それぞれの編集者は、よりよいコンテンツを作るべく、そのコンテンツに適した作家やパネリストを選び、言葉や情報をキュレート（たくさんの情報源から必要な情報を編集する）し、作家らの視点を世に伝えますよね。そういう意味で、編集者は読者や社会にとって重要なゲート・キーパー（門番）の役割を果たしています。

もしそうした情報のキュレーションもなく、インターネットなどの情報すべてにあたらなければならないとしたら、私たちの脳の処理能力を超えてしまいます。つまり、個々人が手当たり次第に情報を収集するだけでは十分ではないということです。

言い換えると、代議制民主主義というのは、代表者にキュレーターになってもらい、有権者の声を拾って有権者の真の利益（民意）を反映できるように意思決定権限を委ねて、問題解決を図る方法です。実際、インターネットやデジタル技術が発達する以前は、この方法がかなりうまく機能しました。

政治参加という点で歴史を振り返ってみると、初めて直接民主主義が実践された古代ギリシャのアゴラやアクロポリスでのコミュニケーションは、双方向でのコミュニケーションだったと思います。しかし、市民が直接討議に参加するとはいえ、人が大勢いる中ではどんなに大きな声で叫んだとしても、その声は周囲にいる人にしか届かなかったでしょう。

一方で、いま実践されているような代議制民主主義が行われるようになった当時は、当然、いまよりも未発達なテクノロジーによって、コミュニケーション手段が制限されていました。当時のコミュニケーションツールは電報か、せいぜい電話のようなものです。しかもそれは誰もが使えるわけではなく、特権的なものでした。アメリカの選挙人団制度[*2]は、こうしたさまざまな制約のある中で作られた産物です。そのころは交通が発達していなかったので、選ばれた代表が投票するシステムを採用したわけですが、この制度は今日の大統領選でも使われています。

しかし、現代はデジタル技術の発展で、コミュニケーションの量と質が格段に上がりました。多くの人が同時に話すことができますし、個人が多数の人に向けて発信することもできるようになりました。

そしてインターネットやソーシャルメディアを活用し、主体的・自発的に発信する市民によるメディアが広く普及しています。その中にはメディアを巧みに構築・編成できる人たちもいて、彼らは一種の「代表」として活動しています。ただし、彼らは選挙サイクルを通じて活動しているのではありません。代議制を通さなくても、例えば「金曜に気候変動に関するストライキをやろう」というような課題があれば、彼らはそれをオンラインで呼びかけ、政策アジェンダ（議題）にする力を持っているのです。

ただ、私はこういう行為自体を「直接民主主義」とは呼びません。おそらく直接民主主義ではなく、「協働型民主主義」や「参加型民主主義」とでもいうものでしょう。つまりこれは、代議制民主主義と並行して存在する独立したシステムです。

いまではこうしてインターネットをベースにして、市民が自ら政策アジェンダを発信して伝えることができますが、このクラウドソーシング的な課題設定をより活用しなくてはならないのは、代表者（代議士）たちのほうです。民意を政治に反映する手段が、数年に1度の限られた回数の投票だけでは、処理できる容量が小さすぎます。代表者自身が、こうしたことを認識し、デジタルを活用して人々をもっと政治参加させる方向に向かわなければ、市民からますます離れた存在になるリスクを冒すことになります。

ですから、代議制民主主義を強化するためにデジタル民主主義を発明したのではなく、両者は補完し合える関係にあるということです。

民主主義はテクノロジーである

民主主義というのは単なるテクノロジーにすぎません。1つのテクノロジーとして更新したり改善したりしながら用いることで、民主主義をフレッシュな状態に維持できるのです。

こうした考え方は、台湾での民主主義の歴史が他国と比べると浅いことも大きく関係しているのでしょう。台湾で、直接選挙による最初の総統選挙が行われたのは1996年、私が14歳のころです。私が生まれた1981年当時は、まだ戒厳令下にありました。私を含めて多くの人が、まだ民主主義体制ではなかった時代や戒厳令下の時代をいまでもはっきりと覚えています。

私たちはやっとのことで、民主主義を適用できるようになったのです。だからこそ、民主主義は当たり前にそこにある不変なものではなく、自分たちの手で変えられるものだと考えています。この民主主義というテクノロジーを、まるで半導体集積回路のレイアウト(回路配置)を設計し直すように、磨きをかけ改良することができるということです。

日本では、民主主義に対して切実さを持ちにくく、政治参加への関心が低いと聞きます。では、政治参加への関心を高めるために、民主主義というシステムを変える必要があるのでしょうか。私はその必要はないと思います。そうではなく、民主主義をもっと「民主的に」しなければならないということです。それは政治に、将来の世代を大切に思う人たちをもっと含めるということです。

私は、民主的プロセスの中に、若者と高齢者、在留外国人を含めるべきだと考えています。従来の代議制民主主義において、往々にしてないがしろにされやすいのがこうした人たちでした。しかし実際のところ、彼らこそがこれからの社会を最も切実に考え、持続可能な発展を求めているのです。

では、どうしたら若者を含めた多くの人たちの政治参加への意欲を高められるのか。これからお話しする台湾の事例を参考にしていただけたら幸いです。台湾でデジタル技術を用いてどのように民主主義を改良しているのか、またデジタル民主主義が社会にどのように実装されているのか、具体的な取り組みを通してご紹介します。

＊1 **海峡両岸サービス貿易協定**……中国と台湾の間で貿易制限を解除して市場を開放し、貿易を自由化することを目的とする協定。２０１３年６月に調印されたが、「ひまわり学生運動」を受けて未発効。

＊2 **アメリカの選挙人団制度**……人口に応じて各州に割り当てられた選挙人が投票して大統領を選出する制度。

第1章　開かれた行政府をつくる

オープンガバメントの基本は政府が市民を信じること

私がデジタル担当の政務委員（大臣）に任命されたのは、２０１６年10月のことです。台湾の行政院（内閣と省庁を合わせたもの）は、財務部（財務省に相当）や法務部（法務省に相当）など32部会で構成されていますが、その中に、「デジタル省」や「デジタル庁」にあたる部会があるわけではありません。私の仕事は、複数の部会に横断して存在するさまざまな問題を調整する、いわばパイプ役であり、そのツールとして用いるのがデジタル技術というわけです。

そして私は、このデジタル技術を用いて「オープンガバメント（開かれた政府）」「ソーシャルイノベーション（社会変革）」などを推進しています。

私たちが政治にデジタル技術を用いるとき、その重要な役割は、人と人をつなぐことにあります。つまり人が第一であるということです。デジタルは社会のためにあるもので、社会がデジタルのためにあるのではありません。デジタル技術の長所は、皆が一度に話せることで、それにより参加者はより満足感を覚えられます。これがアナログであれば、同時に話すことができるのは１人か２人ですよね。

つまり、台湾が実践しているデジタル民主主義とは、デジタル技術を使って誰もが政治に参加できるようにすることであり、「参加型民主主義」を実践することです。そして参加型民主主義の長所は、誰もが、民主主義を自分と直接関係があるものと実感できることです。

実際、台湾には15歳くらいでも非常にアクティブな参加者がたくさんいます。また高齢者もたくさん参加しています。それは自然なことです。自由に使える時間がほかの年齢層よりたくさんあるからです。それに、この2つの年齢層は、両者とも持続可能性を重視する世界観を持っています。特に若い世代は、次の四半期のことではなく、これからの何十年という先の社会の姿を見つめて考えていて、環境など長期的な影響を受けるステークホルダー（利害関係者）でもあります。高齢者の場合は、自分のことより自分の孫の世代のことを懸念しています。それが参加意欲をかきたてるのです。

政策議題を請願できるプラットフォーム「Ｊｏｉｎ」では、序章でも触れたように、選挙権を持っていない16歳の若者でも政治に参加できます。参加する場の敷居を低くすることで、よりインクルーシブ（包摂的）になるのです。できるだけ多くの市民に政治に参加してもらうために、インクルーシブであることは最も重要な要素の1つです。

しかし前提として、政府に透明性がなければ、市民は政治に関わろうなどとは決して思わないでしょう。私たちが台湾で推進する「オープンガバメント（開かれた政府）」とは、政府が有するすべての情報を明らかにすることではありません。国防部（国防省に相当）に行って、「武器やミサイル、潜水艦の現在位置に関する情報を開示しなければならない」と訴えるものではありません。

オープンガバメントは、市民の生活向上のために「徹底した透明性」「説明責任」「インクルージョン（包摂性）」を推進することを目指しています。あくまでも市民と直接関わって、イノベーションを促進し、市民のためにサービスを向上させることを目的にしています。それを実現するには、政府はまず「市民を信じること」が大切なのだと思います。

ブロードバンド接続は基本的人権

台湾のデジタル民主主義においては、ブロードバンドを重要な「基本的人権」とみなしています。そもそもブロードバンドにアクセスできない人は、さまざまなサービスから排除されることになります。そこで、ブロードバンドに誰もがアクセスできる環境を作らないといけません。

つまり低廉かつ一定の料金で、高速インターネットを無制限に使えるようにしなければなりません。使うデータの量が増えたときに、余分に料金をとられるようなシステムはよくありません。安い料金で容量に関係なく、安定したインターネットが使える環境を整えることが重要です。台湾では、首都から一番遠い沖合の島でも光ファイバーのブロードバンドへの接続が可能で、月額定額料金は約500台湾ドル（約2000円）で無制限に使えます。物理的にかなり遠いところに住んでいても、ブロードバンドがあり、デジタル能力を持っていれば、さまざまなサービスをリアルタイムで享受できて、距離を感じないで済むでしょう。

デジタル活用でよく問題視されるのは、デジタルにあまり強くない高齢者への対応です。台湾では、活発にデジタルを利用する高齢者が多いのですが、仮にデジタル弱者だからといって排除することなどあってはいけません。

そのときに重要なのは、人に対してテクノロジーに適応するよう迫るのではなく、テクノロジーを人に適合させることです。例えば、地方では直接の対話を好む人々も多いので、そういう場合は私1人がそこに出向いて、ライブストリーミングを行います。中央政府の職員は、台北のオフィスからそのライブストリーミングを通して話し合いに参加し、リアルタイムで彼らの意見に耳を傾け、意見を述べることができます。地域の人たちにはタウンホールに集まってもらうだけでいいのです。彼らにデジタル技術を強要する必要はありません。

あるいは、喫緊の議題に関して、民間企業や中央政府のステークホルダーたちが地域住民に説明するタウンミーティングが必要であれば、ホールとホールをデジタルでつなぐことで、一般市民もインターネットを通してリアルタイムで視聴することができます。私たちは、こうしたすべての記録を映像やテキストで残し、公開しています。そこで、高齢者に向かって「ビデオ会議やタイピングができなければ政治に参加できません」などと排除してはならないのです。

また同時に、台湾ではデジタル能力を高めてもらう生涯学習の場として、「デジタル機会センター」があります。そこでは、過去3年以内に製造されたタブレットを無償で借りることができるほか、ICT（情報通信技術）のさまざまなトレーニングプログラムを受けられます。

誰一人置き去りにしない社会を作る

ここ台湾には20ほどの言語があり、その多くの言語が先住民族によって使われる土着言語です。つまり20の異なる文化があるということです。そういう意味では、お互いに排除しない、インクルーシブな社会にならなければ民主主義を実現できません。ですから、私たちはいかなる政策も、20の異なるアングルから見ています。どれか支配的な見方というものはなく、文化を超えたトランスカルチュラルな水準と言うべきものがあるのです。

誰一人置き去りにしないインクルーシブな社会を実現するには、小さな声に耳を傾けることが非常に大切です。

私のオフィスは2つあり、それぞれ行政院の執務室と、「ソーシャルイノベーション・ラボ」内にあります。そして毎週1回、水曜日には、ソーシャルイノベーション・ラボ内のオフィスを開放して、予約さえすれば誰でもここを訪れて直接、意見交換できるようにしています。

また、私のほうからも会いに行きます。これを「ソーシャルイノベーション・ツアー」と呼んでいます。過去に政策議論が行われていない地域の現状を把握するべく、さまざまな場所へ基本的には私1人で訪れます。そうして各地域の協同組合や社会起業家、先住民族の方たちの話に耳を傾け、さまざまな課題やニーズを見つけてイノベーションにつなげるのが目的です。以前は毎月1、2回訪れていましたが、このパンデミックで一時中断していました。基本的には先にも述べたように、ライブストリーミングを行い、中央政府の職員と共有し、訪れた場所や話し合いの内容などもすべて公開しています。

徹底した情報公開が人々の協働をはぐくむ

デジタル民主主義、および市民参加型の行政にとって、政府の情報を公開する「オープンデータ」は必要不可欠です。例えば、このパンデミックでは世界的にマスク不足が問題となりましたが、台湾では早期から人々に平等にマスクを行き渡らせることができました。その背景には、社会セクターがオープンデータを活用し、マスクの在庫をリアルタイムで確認できる「マスクマップ」を協力して構築したことと、それを市民が信頼して活用したことがあります。

このマスクマップは、もとをたどれば、台南市の一般のシビックハッカー（社会問題の解決に取り組む民間のエンジニア）が発案したものでした。政府は市民へのマスクの安定供給を目指すべく、2020年1月末までに医療用マスクとN95マスク（NIOSH〔米国労働安全衛生研究所〕による規格に合格したマスク）の輸出を禁止し、政府が国内生産のマスクをすべて買い上げて全国のコンビニなどで1人あたり3枚の販売を進めていましたが、各店舗の在庫は入荷すると即座になくなるような状況でした。これでは人々に平等にマスクが行き渡りません。

そこでこのシビックハッカーは、人々がマスクをより便利に探せるように、グーグルマップAPI[*1]を使ってマスクマップを独自に開発して公開しました。実際に購入した人たちがそのマップ上に、各店舗の在庫数をコメントしていくという仕組みです。

一方、政府は2月3日、目下のマスクの品薄の状況と配布の不公平さから「実名販売制」の導入を発表しました。全国6000店舗余りの健保特約薬局と連携し、「全民健康保険ＩＣカード」を薬局に提示すれば、誰もが公平に決まった枚数（当初は週ごとに1人あたり2枚）を購入できるというものです。

時を同じくして、台湾最大のシビックハッカー・コミュニティである「g0v」（ガブゼロと発音。ガバメントゼロの略）のスラック（チャット）チャンネルで、先のエンジニアの情報を得た私は、このアイデアをマスクの実名販売に実装すべく、すぐに蘇貞昌行政院長（首相に相当）からの許可をとりつけ、衛生福利部（厚生労働省に相当）中央健康保険署が一元管理しているマスク在庫データなどを、リアルタイムで取得できるようオープンデータ化して市民と共有しました。

結果的に、g0vのイニシアチブのもと、多数のエンジニアらが自発的にマップの開発に協力したことで、わずか3日間で完成し、無事リリースにこぎつけることができました。このマップによってスマホなどの位置情報をもとに、マスクがどこに、どれくらいあるのかがわかり、さらに各店舗のマスク在庫情報が30秒ごとに更新されるので、せっかく出向いたのに買えないというような問題も解消しました。

さらにシビックテックによって、同じオープンデータを使った100以上の異なるアプリが開発され、利用者の利便性も向上しました。政府も在庫状況に応じてマスクを供給し、マスクの実名販売制データと在庫データの共有先を拡大することで、コンビニでも購入できるようにしたり、オンラインで事前予約できるようにしたりするなど、改良を重ねながらシステムをバージョンアップしていきました。こうして協力して作られたシステムだからこそ市民はデータを信用し、買い占めなどの大きな混乱も起きることなく適切な配布が可能になったのです。

これは、市民社会が起こした社会変革（ソーシャルイノベーション）の1つです。市民がデータを信じられたのは、政府が出したものだからではなく、すべての人が使用し検証できるオープンデータが活用されたからです。

政府がデジタル化を推進することによって、情報の中央集権化や、特定の企業への利権の集中を懸念する人もいるかもしれません。

しかし、そもそも政府は情報を逐一公開しています。そして政府はたしかに「g0vコミュニティ」や「オープンストリートマップ・コミュニティ[*2]」に利益をもたらしていますが、それを批判する人はいません。まずそれらは社会セクターであり、社会起業家が新しいアイデアを考えている場であるからです。かつ、彼らに対して政治セクターが開発の方向性を指示し、ものを調達しているのではなく、いわば逆調達だからです。私たちは、市民のアイデアが強化されるように、オープンAPI[*3]によってリアルタイムに政府のデータを取得できる環境や、サポートを提供する側なのです。

市民と政府の相互信頼が基盤

参加型民主主義では市民と政府の相互信頼が基盤となります。しかしこのとき、政府は市民を信頼しますが、市民は政府を常に信頼しなくてもいいのです。社会セクターは、官・民セクターより上位に位置する重要な分野であり、社会を牽引《けんいん》する存在です。政府は、社会セクターのアイデアや取り組みを強化する装置であり、民間セクターはそれを広く行き渡らせるという役割分担と連携が築かれています。

私はあくまで、シビックテックと政府のコミュニケーションをスムーズにするパイプやチャンネルの役割を果たしているにすぎません。私は政府のために仕事をしているのではなく、政府とともに仕事をしています。同じように、市民のために仕事をしているのではなく、市民とともに仕事をしているのです。

私もシビックハッカーの1人ですが、g0vは非常に大きな社会セクターの組織で、スラック（チャット）チャンネルには、現時点で1万人以上が集い、いろいろなアイデアを議論しています。新型コロナウイルスのチャンネルで議論しているのは約1300人と、かなりの市民が参加しているのです。

重要なのは、政府は市民社会と競争するのではなく、あらゆる行政情報を公開し、加工や編集が容易に可能なオープンデータの提供を徹底することです。それにより、協働で便利なサービスを迅速に開発することが可能になるのです。マスクマップは、大気汚染物質のPM2・5をリアルタイムで掲載するマップデータがベースとなっています。また、マスクをオンラインで事前予約できるシステムは、納税申告用のデータがベースとなりました。

ちなみに納税申告用のデータは、以前、納税申告の煩《わずら》わしさを訴えた市民が、参加型プラットフォームに要望を電子請願したことにより、スピーディーに申告できるように改善されたものです。2020年7月と2021年9月に、経済対策の一環で発行した「振興三倍券」「振興五倍券」[*4]の受け取り予約のシステムもこのデータをベースに作られました。最初は1つのシステムを改善するために考えられたものが、ほかのシステムにも応用され、多目的に使えるようになっています。

「全民健康保険制度」を活用して公平さを担保する

マスクマップで活用した「全民健康保険ICカード」は、在留外国人を含め、台湾のすべての人（99％以上）が保有しているため、誰もがマスクを購入できるのがポイントでした。台湾には、非常に信頼性の高い「全民健康保険」制度に加えて、このICチップつきの健康保険カードと、ブロードバンド接続があるという点では、非常に恵まれていると思います。

これについて説明すると、まず台湾には身分証明書である国民識別番号制度がありま す。これは銀行口座を作るときなどに使われるものです。一方、誰もが持つ「全民健康保険ICカード」は、公共サービスのみに使われます。2004年にICカード化されたことにより、保険加入者の情報と医療機関（病院、特約薬局）の情報が紐づけられ、衛生福利部（厚労省に相当）中央健康保険署の「健康保険医療情報クラウドシステム」で一元管理されるようになりました。マスクの「実名販売制」は、このクラウド上に集約された国民データと、健保特約薬局のマスク在庫データを活用して実現しました。薬局の90％以上が、クローズドの専用ネットワーク（ＶＰＮ）経由でこのクラウドに接続されているのです。

一元管理されるデータには、人々の基礎疾患や投薬・入退院記録、ＣＴの検査画像といった医療関連情報が集約されており、ＶＰＮを経由して医療機関相互で共有できるようになっています。また、集約された情報は匿名化したビッグデータとして、大学などの研究目的に限って有効利用しています。そしてマスクを購入する際には、薬局の店頭にある専用カードリーダーや、コンビニに設置されているマルチメディア端末でＩＣチップを読み取ると、購入履歴の記録を一元管理できる仕組みになっています。これにより二重購入などの不正も回避できます。

ＩＣカードさえあれば、薬局やコンビニでマスクを購入できるので、デジタルに強くない人を排除することもありません。これはとても重要です。特に、高齢者は基礎疾患のある方も多いので、地域と密接に関わる薬局との連携というのは、市民が安心感を得るという点でも大きかったと思います。

また、このIDベースの配布システムは、「振興三倍券」「振興五倍券」の配布にも生かされました。これらは、パンデミックの影響下にある台湾経済を押し上げるために発行したクーポン券です。受け取り方法はさまざまあり、ICカードを持って郵便局やコンビニに行くと直接受け取れるほか、クレジットカードやモバイルでも決済できます。

「SARS」の教訓が意識と行動を変える

このシステムが機能した背景には、2003年に流行したSARS（重症急性呼吸器症候群）直後に、紙からICチップを使った保険制度に切り替えたことがあります。台湾ではSARSによって多くの犠牲者を出しましたが、その間、台湾の小島、澎湖《ほうこ》諸島で、ICカードを使ったパイロットテストを行いました。本土ではまだ紙の保険証を使っていましたが、誰もがその2つの違いを目の当たりにすることができたのです。そこには雲泥の差がありました。SARSの教訓が、ICカードとクラウドを活用した全民健康保険システムの実施に対する人々の信任につながったのです。

今回のパンデミックでは危機の際、リーダーシップや政府の役割が重要であることが浮き彫りになりました。民主主義国家でも、リーダーシップがうまく機能しないところも見受けられました。

一方、私たちはいまだに緊急事態宣言もロックダウン（都市封鎖）も発出していません。憲法では緊急事態宣言の発出を認めていますが、基本的にどこよりも早い対応を行うことによって、より痛みを伴わない民主的な方法でこの危機に臨むことができたのです。

とはいえ台湾では、新型コロナウイルスのパンデミックの対応こそうまくいっているものの、2003年4、5月のSARSの感染拡大時には感染を食い止める効果的な手を打つことができず、多くの犠牲者を出す結果となりました。私を含め、30歳以上の台湾の人々は誰もが、SARSがどれほどひどい感染症で、当時の政策がどれほどひどいものであったかをよく覚えています。明確な期間も示されないまま、感染者が出た病院を全面封鎖したことは、大変な痛手として記憶に残っています。

私たちは、コロナ禍ではそれをどうしても避けたかったのです。SARSのあと、まだその記憶も生々しい2004年を皮切りに、数度にわたり「伝染病防治法」(1944年施行)を改正しています。中央政府と地方機関の役割分担や、ワクチンやウイルス検査に関する規定、さらにフェイクニュースの流布に対する罰則規定まで盛り込まれており、防疫の体制を整えてきました。

人々は、個人の防疫対策として、マスクの着用と手洗いが何より有効であることを学びました。また私たちはパンデミックに備えて、4000万枚のマスクを備蓄しています。このように社会全体が危機に備えている状態こそが、台湾とほかの国を分かつものでした。

説明責任を重視することで共同学習を促す

デジタル民主主義を推進するうえで基盤となる、市民と政府の相互信頼には、説明責任をしっかり果たすことも不可欠です。

台湾には公衆衛生学のエキスパートである陳建仁副総統(当時)をはじめ、科学的な知見を持つ政治家が多くいますが、もし、そうしたごく一部の政治家や科学者しか疫学や科学を理解していなければ、ほとんどの市民はやみくもに政治家の言うことを信じるしかありません。しかしそれでは変異株のような新たな危機が生じたときに、うまく対応できないでしょう。

2021年5月に、台湾ではコロナウイルスの感染が急拡大しました。要因は間違いなくアルファ株です。それ以前は、人口の4分の3が適切にマスクを着用し、手をきちんと洗っていれば、ほとんど市中感染は起きていませんでした。小さな感染はたくさんありましたが、それが市中感染に至ることはなかったのです。

しかし、アルファ株は従来のコロナウイルスと完全に同じものではなかったのです。アルファ株はより強い感染力があり、換気が悪いところでは、マスクを着用していても完全に有効とは言えません。そこで、アルファ株の対応のために警戒レベルを引き上げ、どの場所でもマスク着用とソーシャルディスタンスを守ってもらい、検査体制も拡充しました。

一方で、政策の中身だけではなく、それが策定されるプロセスについての対話がオープンになると、人々はさらに説明を聞きたいという意欲が増すはずです。毎日、午後2時に中央感染症指揮センター（CECC）によって開かれる記者会見で、記者たちが納得するまで質問している様子を、市民は目の当たりにすることができます。報道陣からの質問が終わるまで記者会見は終わりません。

記者会見の模様は、テレビで生中継され、ライブストリーミングでも公開されていました。さらに私たちは、誰もが質問や相談を直接伝えられるフリーダイヤルのホットライン「1922」を設置しました。そして「何か疑問やアイデアを思いついたら、ここに電話をしてください」とも呼びかけました。そうして集まった市民の質問や意見が、翌日の記者会見で取り上げられます。市民が説明を求め、行政の側が説明責任を果たすことで、人々は疫学をより熟知するようになるのです。

危機的状況を乗り越えるには、市民の知識や協力が欠かせません。ウイルスの突然変異や空気感染などについて日頃から知識を身につけていれば、実際に何か起きたときにも迅速に的確な対応ができます。普段から中央政府によるトップダウンの対策に依存していたら、そうした対応はまず無理でしょう。つまり私たちは、この困難において市民とともに学んでいるのです。このことは社会にとって有益であり、よりレジリエント（回復力のある）で健全な市民社会を築けるはずです。

オープンガバメントはリスクを取り除く

オープンガバメントはまた、行政府のリスクを取り除くことにもつながります。理由の1つは、「十分な数の目ん玉があれば、すべてのバグは洗い出される」（アメリカのプログラマー、エリック・レイモンドのソフトウェア開発における「リーナスの法則」で、「十分な共同開発者やテスターがいれば、ほとんどすべての問題は明らかになり、修正される」という意）ということを知っているからです。

これはオープンソースやオープンデータの経験則であり、徹底した透明性を保持し、データを集めてすぐに公表すれば、実際のところそれは、行政府からリスクを取り除くということを意味するのです。従来の「情報公開」のあり方だと、市民が「情報公開」を要求するときにもほとんどの場合、公務員は情報の一部を削除して編集したものを出そうとします。しかしこうした方法だと、その編集をした人や検査をした人が、公開される情報の正確さや編集の根拠に対してすべての責任をとらなければならないことを意味します。いずれにしてもこれはとてもリスキーなことです。

しかし、単純に、収集したデータをすぐに公開することを前提としていれば、誰もそれを編集する必要はありません。もしそこでデータそのものが間違っていたとしても、誰にも責任が発生しません。つまり、従来の情報公開の方法から、リアルタイムのオープンデータのマインドセット（考え方）へと切り替えることが、実際のところ政府にとってリスクを減らすことになるのです。

そういう意味では、私たちは間違いを犯さないと言っているのではありません。私たちはたびたび間違いを犯します。バグが洗い出されたときには間違いを認め、ただちに謝罪し、翌日には方針を変えればいいのです。私たちを批判する人から妥当な提案があれば、それを受け入れるということです。

「マスクマップ」がいい例で、最初このマスクマップには、私たちが気づいていない多くのデータバイアスがありました。公平にマスクを配布するには、前提として台湾のどの居住地域でも格差なく最寄りの薬局にアクセスできる必要があります。私たちは、人口の集中度合いに応じて薬局が配置されていると認識していましたが、実際には地図上では同じ距離であっても、都会と田舎では公共交通機関の差もあり、アクセスできる時間がまったく異なっていたのです。

これでは十分に公平であるとはいえません。「田舎だとマスクを買いに行くのに時間がかかる。誰もがヘリコプターを所有しているわけではない」という苦情があり、こうした状況が判明したのです。大臣は議会で自己弁護することなく、即座に政府の誤りを認めました。

この課題に対し、「オープンストリートマップ・コミュニティ」という市民コミュニティが解決策を新たに提示したことで、私たちはそのよりよいアルゴリズムに切り替え、24時間後には修正することができました。

実際、この時点でアルゴリズムを変更したことは、結果的にネットでの事前注文システムの導入を可能にしました。これにより、マスクを配布する「場所」という点だけではなく、効率化する「時間」という点においても、より公平さを担保できる仕組みへ改善できたのです。

これが可能だったのは、各地域の薬局での実際の取引状況をリアルタイムで検証できるデータが共有されていたからです。リアルタイムでデータをオープンにすることで、具体的な解決法に結びつき、それを迅速に実行へとつなげられるということです。

市民参加の政治は公務員の意識を向上させる

政治に市民が参加することで政府も変わります。台湾政府は、数年前と比べて間違いなく変わりました。行政院の公務員はいま、政府は市民のために仕事をするのではなく、市民と一緒に仕事をするのだということを理解していると思います。ベストのアイデアは必ずしも行政府から出てくるのではなく、痛みを伴うような直接的経験に最も近い人、つまり市民社会から出てくると理解しているからです。

私が現職に就任したころ、公務員たちは「デジタル民主主義」や「オープンガバメント」という言葉に戸惑いを感じていました。というのも彼らが、インターネット上には市民による行政への不満のこもったコメントがあふれている、というスタンスであったためです。

たしかに、当時は政府のサービスに不満を感じてインターネット上で単に批判をしたり、抗議活動をしたりする人々も多くいました。そのころ多くの市民が感じていたのは、本当にいいアイデアがあったとしても、それが政策として実行に移されるまでに時間がかかりすぎている、ということに尽き、それがフラストレーションとなって噴き出ていたのです。従来の政治体制では、数年ごとの選挙周期や予算循環によって意思決定が制約されていたので、変化を見るのは早くても1年後、ほとんどの場合はそれより長く数年先のことでした。

現在の台湾では、市民自らが政策に関する議題をオンラインで請願できるプラットフォーム「Ｊｏｉｎ」をはじめ、誰でも容易に参加して討議できる場がたくさんあり、市民は少なくとも60日くらいのサイクルで社会の変化を見ることができます。このように行政側の反応サイクルが短くなることで、これまで以上に繰り返し説明責任を果たせるため、それまで政治を批判したり抗議したりしていた人たちが、逆に協働する側にまわるほど変わることもあります。

公務員が以前と大きく変わった点は、耳を傾けるようになったことだと思います。以前の風土は、言ってみれば一方向的な文化で、数年ごとに選挙があり、その都度異なる政府が形成され、その数年の間に政府が市民に対して一方的にメッセージを送るというのが常でした。それは別に、政府や公務員に意図的なねらいがあったわけではありません。実際、伝えるためのツールがラジオやテレビしかなかったからです。こういうツールは、何百万もの人に向かって叫ぶことは容易にしますが、民主的なプロセスで最も重要な、人々の意見に耳を傾けることには不向きです。

しかし、デジタル民主主義では、その逆です。市民がいいアイデアを思いついたら、いまはそれを政府に伝える手段があります。オンラインで請願書を出して、お互いのアイデアについて迅速に意見を言い合い、優れたアイデアがトップに上がり、公務員はそれにもとづいて行動できます。以前の一方向的な文化から、人の意見に耳を傾ける文化へと間違いなく変わりました。

「PDIS」に求められる3つの能力

行政府のDX（デジタル・トランスフォーメーション）やオープンガバメントを促進することを目的とした、「PDIS《ピーディス》（Public Digital Innovation Space）」は、私のオフィスのブランディングの一環で、2016年10月に設立されました。台湾でも「PDIS」という名はそこまで知られていません。というのも、行政院所属の32部会すべてにわたってデジタルサービスを促進するべく働いている公務員たちのチーム名にすぎないからです。

メンバーは、各機関からの出向者で構成されています。主な職務は、公共のデジタル空間に関連するサービスです。例えば、市民がオンラインで請願できるプラットフォーム「Join」でも、内容によってさまざまな機関が関係するため、機関を横断してイノベーションのための支援・促進や、会議を円滑に進めるための進行役を担う内部ユニットが必要になります。PDISはその内部ユニットにあたります。

唯一のルールは、オフィスに出向する公務員は各機関から1人までというものです。つまり、私のオフィスには最大で32人の出向者を抱えることができます。現在は20人に少し満たないくらいですが、これはすべての機関が出向者を送ってきているわけではないということです。例えば、国防部(国防省に相当)からの出向者はこれまで1人もいません。ですから、私は台湾の軍事機密について何も知りません。出向期間は基本的に半年から5年以上とまちまちで、その後は交代制です。

PDISに求められる能力には、3つの大きな柱があります。

1つ目は、「翻訳」する能力です。社会に情報を提供し、アイデアをもっと広めるためにわかりやすく伝える能力です。例えば、プロジェクトの予算などの数値をオープンデータ化する際に、イメージしやすいように画像や図表で可視化したり、操作性を高めたり、ゲーム性を取り入れたりするなど、人々が簡単にアクセスできる方法を示すことです。

2つ目は、会議などを進行する能力です。単に片方の立場からもう片方の立場にわかりやすく説明するだけではなく、それぞれ異なる立場に立って、共通の価値基準や共通の利益に到達すべく、活発かつダイナミックな方法で議論を促進させるような進行能力です。つまり、意見の相違があっても、誰もが受け入れられる見解があるはずだという認識を、前提として持っていることが大切です。

3つ目は、情報公開およびアカウンタビリティ（説明責任）に関する能力です。もちろんそれには会議のライブストリーミングや、リアルタイムの文字起こしなども含まれます。従来は人が行っていたことを、オープンAPIにより自動化することで、人の時間を無駄にせず記録をとることができるようになりました。会議の記録を残すことで、参加者は同じ基盤に立つことができ、次の会議では前の話の続きから対話を始めることができます。

これは単に人々に対して十分な情報を確実に提供するだけではなく、人々がより安心だと感じられるようにすることでもあります。公務員が数字を間違えても、あるいはデータバイアスが検知されても、彼らが編集したり改変したりしたものでないことを市民が理解しているからです。前述のマスクマップ開発初期にあったデータバイアスの修正例のように、間違いを指摘する人は往々にして、よりよい解決策を打ち出してきます。それらのフィードバックを迅速に行うことが大切です。

まとめると、ＰＤＩＳに求められる能力とは、さまざまなアイデアをわかりやすく言い換え、異なる観点を共通の価値観にまとめ、アカウンタビリティを可能にするために記録を残すこと、となります。

プライバシー保護を可能にするアプローチ

デジタル民主主義を推進するうえで、いかにプライバシーを保護するかは大きな課題となります。台湾では、徹底した透明性と説明責任を前提に、さまざまな制度や革新的な技術を採用してこの問題に取り組んでいます。

パンデミック下で、台湾はマスクマップをはじめ全民健康保険システムを活用しました。重要なのは、すべてのプライバシー情報の取り扱いに関して、パンデミックへの対応という名のもとに新たなデータ収集ポイントを作るのではなく、すでに信頼関係のもとに構築されたシステムを再利用しているという点です。全民健康保険システムを例に説明しましょう。

この信頼の中核にあるのは、次の2つの事柄です。1つ目は、法制化をすることです。台湾では、2012年に「個人情報保護法」として法改正が施行され（旧法は1995年施行「コンピュータ処理個人情報保護法」）、営利企業が本人の同意なく個人情報を収集・使用することはできません。その点では、日本のマイナンバー・システムに類似しています。

2つ目は誰が内容を読み取ったのかを記録する、アカウンタビリティ・メカニズムを機能させることです。薬局の薬剤師やクリニックの医師は、個人を特定できる医療関係者カードを専用カードリーダーで読み込まなければいけません。全民健康保険システムでは、もし個人情報が漏れた場合、どの薬剤師、医師、看護師が業務処理をしたかがわかるような設計になっているのです。

そうであれば、あえて誰かの個人情報を獲得して悪用しようとは思わないものです。また、利用者本人がネット上で、健康保険カード（ICカード）に誰がデータを書き込み、読み取ったのかを調べられるのは、より安心を得られるポイントでしょう。

つまり、個人のデータとそれを守る法律に加えて、相互に作用するアカウンタビリティが鍵となります。この2つのアプローチが、個人情報の取り扱いに関する根幹をなしています。

個人情報の活用指針については、市民の理解を得るために立法院（国会）で説明を行ってきました。最初に政治にデジタルシステムを導入したときには、個人情報がきちんと管理されるのか、技術的にどのように管理されるのか、という点において人々が懸念を示したことは確かです。当時、国民の91％が賛成し、9％が反対していました。

反対した人たちには、立法委員（国会議員）が個別に公聴会を開き、法務部（法務省に相当）からも、法律やサイバーセキュリティについて説明を行いました。その後、全体の支持率が94％に達しましたが、6％の人は反対していました。私は個人的に、その6％の人に感謝しているのです。反対者がいるからこそ、ごまかすことなく、説明責任を果たすということを維持できる面があると思うからです。

この徹底した透明性は、いまでも公聴会が開かれるたびに機能していることがわかります。またこれは我々の法律制度の安定性にもプラスになると思います。私たちはパンデミックにおいても、憲法や法律に定めのない行政権を行使しようとは思っていません。我々がとるいかなる解釈も行動計画も、通常の法律の範囲に入っています。

それからさまざまなデータを活用する際、特にプライバシー強化という面において、現在では民間企業セクターと共同で使える多くの技術があり、私たちもそうした企業の持つシステムや技術を借りています。

もちろん、その企業に個人情報や情報を復号（暗号化されたデータを復元すること）する鍵へのアクセス権を与えることはありません。個人情報を保護したままデータ分析を行えますが、このような技術は「プライバシー強化技術（ＰＥＴｓ）」と呼ばれています。例えば、台湾では全民健康保険システムに集約される情報は暗号化され、それが第三者の民間プロバイダーに送信されて計算プログラムが実行されています。ただしプロバイダー側はどの時点でも、その暗号化されたデータをのぞき込む能力を持ち得ません。暗号化されたまま計算されたデータがプロバイダーから戻されると、復号する鍵を用いて結果を解読します。

これは「準同型暗号」[*5]と呼ばれるプライバシー強化技術です。私たちはこのような革新的な技術を、特定のデータプロセスにおいてフルに活用しています。

使い慣れた既存のシステムで市民の安心感を増幅

私たちはこのコロナ禍において、どこよりも早く対応することで、ロックダウンなどの踏み込んだ対応を回避し、水際対策も強化しました。海外から台湾に帰国した人をはじめ、隔離対象と認められた人には、必ず14日間の隔離生活を経てもらうことにしました。その際に導入したいわゆる「電子フェンス」システム（追跡システム）では、通信基地局に送信される微弱電波を使用して、対象者の携帯電話機の大まかな位置を把握しています。それにより、万一、対象者が滞在先のホテルや自宅から離れるなどした場合には、警察や地方当局に通知がいくという仕組みです。

この携帯電話の微弱電波を利用するシステムは、コロナ前から使われていた既存のシステムを応用したもので、例えば地震や台風の発生を警報で知らせる仕組みに使われています。感染拡大を防止することが目的なので、GPS（全地球測位システム）のような、個人の詳細な情報が得られるシステムは使っていないのがポイントです。隔離対象期間が終われば、すべてのデータは消去されます。

また、2021年5月に感染が急拡大した際には、飲食店に入店する人に対して、名前と電話番号を記録に残すことを義務づけました。蓄積された情報は、コロナウイルスの感染者と接触した可能性がある人への連絡や、行動歴・接触歴を調べる疫学調査などに活用されます。

ここでまず重要なのは、いかなる個人情報も店側に提供してはならないという点です。これはモデルの設計において、個人がその店を信用しないという前提に立つことを意味します。コンビニやチェーン展開する飲食店などの場合、顧客が店を信用する理由は何もありません。そこで、個人情報を店に提供することなく、顧客がSMS（ショート・メッセージ・サービス）をホットラインに送るだけで、名前と電話番号を記録できるシステムを新たに作りました。

もちろん小さな店であれば、顧客が店の人と個人的なつながりがあることも多いので、

QRコードにスマホのカメラをかざすと、訪問先の店舗を識別するための番号がSMSの画面に表示される。これを送信すれば手続きが完了する。（「TAIPEI TIMES」より）

その場合は、店側が用意した紙に名前などの記録を残してもらってもまったく問題はありません。顧客個人がその店を信用しているという認識にもとづいているからです。

ＳＭＳの利用法は、非常に簡単です。店頭に設置されている「ＱＲコード」にスマホのカメラをかざすと、訪問先を識別するためのコードとなる15桁《けた》の数字がＳＭＳの画面に表示されます。利用者はこれを送信するだけで手続きが完了します。送信するのに料金はかかりません。店に設置するＱＲコードは、各店舗が簡単にセルフで印刷できるようにしました。

ＳＭＳは感染対策のホットライン「１９２２」に送られますが、その情報が保存されるのは、店でも中央政府や地方自治体でもなく、携帯電話の通信事業者になります。通信事業者は当然、すでに個人の電話番号を知っていますし、ランダムに生成された店のコードは、通信事業者にとって何の意味も持たないものとなるように設計されています。その情報は28日間保存されたのち、削除されます。

また、フィーチャーフォン（スマートフォン以外の携帯電話）を利用していてＱＲコードを読み取れない人は、ＳＭＳに店の識別コード15桁を手で入力すれば、情報を「１９２２」に送れるようになっています。このシステムは、ｇ０ｖと、マスクマップを開発したチームが、たったの数日間で開発したものです。

個人情報の保存に関してのポイントは、人々が、すでにＳＭＳの使用に慣れているため、通信事業者が情報を保存することに対する信頼度が相対的に高いという点です。利用店舗の識別コードを、政府や多国籍企業などに送るよりも、通信事業者に送るほうが、より抵抗感が少ないのは明らかです。こうした、いわば人々の経験則にもとづき、人々がすでに信頼を置いているところを見つけてそれを活用することが、このシステムを設計するうえでの鍵となりました。

これまでお話ししてきたように、個人情報の取り扱いについては、それを守る法とアカウンタビリティ、そして技術が根幹であるのは間違いありませんが、それと同時に個人情報の活用という面では、「Ｆｕｎ（楽しさ）」があることも重要なポイントです。人々はアプリをダウンロードする必要もなく、送信するだけですから、その簡単さに満足感を覚えます。わずか5秒で終わります。

一方で高齢者など、スマホに慣れていない人にとっては、ＱＲコードを利用してＳＭＳを送信するよりも、15桁の数字を手で入力して送信するほうが、その行為の意味を理解し、より安全に感じられるものでしょう。ですから、安全であると感じてもらうこともまた、同じくらい重要なのだと思います。

ソーシャルイノベーションは「社会課題の解決」が前提にある

私はデジタル民主主義を通して、ソーシャルイノベーション（社会変革）を推進しています。ソーシャルイノベーションは、「社会課題の解決」が前提にあります。例えば、「マスクマップ」もその1つです。コンビニでマスクの品切れが起こる中、人々がより便利にマスクを購入できるようにと1人のエンジニアが開発したものが、大きなイノベーションを生むことになりました。

そして「小さな声に耳を傾ける」というインクルーシブな視点は、多くの人が見落としていた社会課題の解決にもつながり得るのです。台湾では地域のイノベーションが活発で、地域コミュニティから始まったものが全国にひろがる例もあります。それは、2018年から始まった「総統杯ハッカソン」を見ても明らかです。

総統杯ハッカソンは、台湾各地が抱える課題の解決や公共サービスの最適化を目的とし、民間から寄せられた公共政策のアイデアをプレゼンする大会で、優秀な5チームに対して総統が直接トロフィーを渡して表彰しています。受賞すると、1年以内に正式に国の政策として取り入れられることが約束されるのです。これまでに受賞したアイデアは、その多くが規模の小さいコミュニティや地方自治体からのもので、小さな地域でうまくいったプロジェクトは国全体でもうまくいく、という証明になっていると思います。

また、台湾では2021年7月に、インターネットでのワクチン接種の予約システムを開発しましたが、一部の自治体では、それ以前から独自のワクチン予約システムを構築していました。台北市はオリジナルの登録プラットフォームを考案し、台南市はＬＩＮＥを使って、高齢者にいつどこでワクチン接種ができるかを知らせました。

シビックハッカー・コミュニティの「ｇ０ｖ」は、当時、日本から寄贈していただいたアストラゼネカ製のワクチンをいつ、どこで誰が接種できるのかを可視化するべく、地域のクリニックや地方自治体と緊密に協力するモデルを作りました。これらはすべて、シビックテックが自発的に取り組んでいることで、どの地域でも実際に日々、イノベーションが起きています。

そうしたシビックテックの人々は、本職では地域再生計画やその地域の市議会と密接に仕事をしている人も大勢いるのです。ですから、ある意味で中央政府の役割は、以前に比べてはるかに簡単なものになりました。ワクチン接種の予約システムを政府版のシステムに一本化するにあたり、すべての地方自治体や市長に説明したのですが、彼らはすでに内容をよく理解していたのです。その自治体がワクチン接種の予約システムを構築していなくても、近隣の自治体では同じようなシステムをすでにモデル化していたからです。こうした状況では、私たちのコミュニケーションははるかに簡単になります。

地域のイノベーションを促進させるためのプロジェクトとして、台湾では「TESAS《テーサス》(Taiwan Economic Society Analysis System)」というシステムがあります。これは日本の「RESAS《リーサス》(Regional Economy and Society Analyzing System：地域経済分析システム)」*6を参考にしたものです。

「TESAS」は、ビッグデータを使用し、各地域における人口、収入、経済、交通、観光、住宅、環境、医療、社会福祉など12の分野に関連する統計データを集約し、それぞれの地域の差異や変化を図やグラフを用いてわかりやすく公開しています。各分野は、どれくらい地域の社会的・経済的ステータスにもとづいて相互依存的に作用しているのかが示されています。これによって、分野を越えたコラボレーションを促進し、地域の特徴的な産業の創出や発展も期待できます。

重要なのは、基本的にTESASは、中央政府が情報を吸い上げるためのツールではないということです。TESASを材料として、人々に、中央政府の決定に依存することなく、デジタル技術と自らの想像力を使い、地域の居住権や人口減少などの課題に気づいてもらい、それによって人々を力づける方法なのです。つまり、非中央集権的であり、「複数の異なる中心」があると言えます。

生活の中で当たり前に存在するイノベーション

「ソーシャルイノベーション」というと、敷居が高いと感じる人もいるかもしれません。しかし、日常生活の中で身についている習慣の中にも、じつはソーシャルイノベーションの結果、もたらされたものが多く存在するのです。例えば、その1つがSNSで使われる「ハッシュタグ（#）」です。日本でも大勢の方がハッシュタグを使っていますよね。

ハッシュタグの発明者はアメリカのブロガー、クリス・メッシーナで、彼が初めてツイッターで「#」の記号を使用したのは2007年のことです。グループで連絡を取り合う手段として使われたのですが、このときはまだ、ツイッターにハッシュタグという機能がありませんでした。転機となったのは、そのあとに起きた洪水や地震などの自然災害です。それをソーシャルメディアで明確に識別して人に知らせたいと思った多くの人々がこの使い方を学び、「#」をつけて投稿し、災害が起きている場所を知らせるようになったのです。

こうした状況を受けて、ツイッターやフェイスブックも動き、機能に追加することを決めました。そのためには、多くのプログラム変更が必要でした。そのときクリスは特許を取得することもなく、「みんなのことをみんなで助け合う」というスタンスで、誰もがハッシュタグを使えるようにしたのです。いまではハッシュタグの機能が、ごく自然なものであるように思われていますよね。

私はソーシャルイノベーションについて説明をするときに、よくこのハッシュタグのアイデアを引用するのですが、人々がこれを「ソーシャルイノベーション」と呼ばないのは、それほどまでにナチュラルだからです。

ソーシャルイノベーションのアイデアは常に、「Ｆａｓｔ（速さ）」「Ｆａｉｒ（公平さ）」「Ｆｕｎ（楽しさ）」が感じられるものであるからこそ、人は取り立てて何も考えることなく使っているのだと思います。言うなれば、社会セクターは〝標準〟や〝習慣〟を生み出し、民間セクターは〝製品〟や〝サービス〟を生み出します。製品やサービスは名やラベルをつけやすいですが、標準や習慣は、私たちの日常生活そのものです。

意思決定の速度を上げる「サンドボックス」制度

社会課題の解決を前提とした、より迅速なイノベーションをもたらすために、台湾では「サンドボックス」制度を大いに活用しています。

サンドボックスとは、新事業の創出を目的とし、当該事業の実証実験を行うために、対象者を限定したうえで現行法の規則を一時的に停止する制度です。地域課題に特化したサンドボックス実験を行うことで、イノベーションがさらに生まれると考えています。台湾ではこのことを念頭に置いて、特定の地域をサンドボックスの対象にするのではなく、すべての地域を申請の対象にしています。ある意味では、台湾ではどのゾーンも「国家戦略特区」と言えます。

サンドボックスで大切にされている考え方の1つは、現行法を破るのではなく、想像力によってその特定の法律の新しい解釈をもたらし、その恩恵を強化するために、市民がイノベーションを起こすことです。

例えば、台湾ではこれまで、学生や新社会人を含め、過去に銀行での借り入れ履歴がない人は、個人のクレジットカードやローンの申請が難しいという考え方が主流でした。そこで銀行と電気通信事業者が、フィンテック（金融の）・サンドボックスを利用して協力し、電話料金を支払わないことによるリスクと、ローンを組むのに必要な信用度を掛け合わせた計算式にもとづき、電話料金の支払い履歴が銀行の借り入れ履歴の代わりになり得るかという実験を行いました。

結果的にこれが成功と認められたため、この電気通信事業社に電話料金を滞りなく支払っていた人であれば、個人のクレジットカードやローンの申請ができるようになったのです。この目的は、以前は金融業界からサービスを受けられなかった人のためにサービスを提供することであり、つまり困っている人の問題を解決することです。

どの機関もサンドボックスを大いに使っています。問題が金融監督管理委員会（金融庁に相当）に関係する場合は、フィンテック・サンドボックスを使います。自動車の自動走行に関するものであれば、トラフィック・サンドボックスを使います。将来のヘルスケアに関するものなど、所轄機関から特別な認可が必要なものは、当該機関に属するサンドボックスを使います。

もう1つのケースを挙げましょう。インターネットで行う心理カウンセリングに関係したケースです。「ＦａｒＨｕｇｓ」というスタートアップが出願しました。サンドボックスで実験が行われる以前の法律の解釈は、臨床にせよコンサルティングにせよ、心理カウンセリングを受けるときにはカウンセラーも患者も、物理的に同じ空間にいないといけないというもので、例外はありませんでした。理由の一部は、サイバーセキュリティに関するもので、インターネット上では診療内容を含め、個人情報の漏洩《ろうえい》の可能性があるという指摘です。

これはサンドボックスで実験を行う正当な理由になります。というのも、インターネットでの「遠隔治療」を実現させることを考えたときに、心理カウンセリングは、医療機器などの医療資源を必要としないので実験を行いやすいですし、離島などの遠隔地でも、本島と同様の医療サービスを実現させるには、医療サービス提供者のさまざまなサポートが必要になり、メリットが明確だからです。

結果的に、このサンドボックス実験は成功しました。多くの地方自治体や精神科協会などが参加して、倫理ガイドライン、サイバーセキュリティやプライバシーのガイドラインを共同で作成することになりました。

コロナ禍では物理的に同じ空間にいることが難しく、このタイミングにぎりぎり間に合ったのも、社会にとって非常に有益なことでした。リモートでの遠隔カウンセリングを受診するにあたり、「全民健康保険ICカード」を医療機関に直接持っていってもらわなくてももちろん大丈夫です。「全民健康保険モバイルアプリ」をダウンロードして、このアプリからQRコードベースのバーチャルな健康保険カードを取得すれば、診察を受けられます。これにより全民健康保険システムにチェックインでき、医療機関と情報が連携される仕組みです。

このように、意思決定プロセスや改善の速度を上げるのに、一時的に規制緩和して実証実験ができるサンドボックスは非常に有効な手段と言えます。サンドボックスのアイデアは基本的に、規制変更を認可する法律で守られています。もし規制の変更が十分ではない場合、サンドボックス実験を延長し、その間、立法委員らはその特定の状況に適用し得る法律を新たに検討します。

実際のところ、規制変更のほうが、法律変更よりも簡単だと思います。規制変更を事前承認するこの法律は、緊急の課題に対して解決のための時間（ペース）を監視するものであって、課題解決を妨害したり、遅らせたりするものではありません。

予算調達のスピードを上げてイノベーションを活性化

市民が政府や政治に無力さを感じる理由の1つには、予算決定プロセスや調達サイクルの遅さも挙げられるでしょう。予算が配分されるのに1年かかるとすると、実際に予算が使われるのはさらにそのあとということになります。あまりにもそのプロセスに時間がかかると、たとえ市民が非常に優れたソーシャルイノベーションを思いついても、それを迅速に実行することができません。つまり、緊急を要する状況に対してより迅速に対応できる調達法を採用することで、その無力さは軽減する可能性があります。

台湾では、官僚的・形式的な手続きを省略できるシステムがあります。1つは「裁量予算」です。通常、予算の調達は公開入札が前提ですが、明確な公共の目的を達成するための行政上のアイデアがある場合で、かつ100万台湾ドル（約400万円）以下でできるプロジェクトについては、所轄機関が決定するだけで、煩雑《はんざつ》な入札プロセスを飛ばすことができます。

　また、前述の「サンドボックス」や、毎年行われる「総統杯ハッカソン」の5組の勝者のアイデアについては国の政策に実装されることが約束されていますが、これらは立法院(国会)の事前承認があり、原則として立法院の定める予算プロセスを飛ばすことができます。これにより、優れたソーシャルイノベーターであれば、特定の党員にロビー活動をするのではなく、組織横断的なサポートを得ることに集中できます。

「台湾モデル」は小さな地域から始められる

　ここまで、台湾が実践するデジタル民主主義の概観をお話ししました。台湾に見られる参加型民主主義は、ほかの民主主義の形式に比べて、人々の協働により深くもとづいています。繰り返しますが、政府は市民のために仕事をするのではなく、市民とともに仕事をするのです。

　よく指摘されるのは、台湾の人口が約2300万と少ないから、参加型民主主義やオープンガバメントが可能であるという点です。しかし、台湾は20ほどの言語があり、多様な文化を有していることを思い出してください。

もし、日本の政治に台湾のモデルを適用しようとするならば、日本の人口は台湾の約5倍ですから、理屈から言うと日本で実行するのは5倍難しいということになります。しかし、東京都23区の人口は台湾の人口の半分以下ですし、京都府の人口は台湾の人口の約10分の1です。台湾で功を奏している方法を、まずは地域で実行することができますね。そこでうまくいけば、徐々に範囲を拡大していくのがベストでしょう。

拡大していくときに鍵となるのが、社会インフラです。社会インフラは水道設備や医療・福祉制度などとされるのが一般的ですが、そこに高速ブロードバンドを含むことが重要です。高速ブロードバンドがなければ、サービスを拡充するのは難しいでしょう。そして進化し続けていくプロセスで、何が正しくて何が間違いであるという絶対的な基準はありません。もし最初から絶対的な基準があれば、それは独裁政治と同じようなものになります。社会が何を望むかに従って進化していくだけです。それが民主主義です。

＊1　**グーグルマップAPI**……グーグルマップをカスタマイズしたり、独自のサイトに埋め込んだりできる機能・仕組み。

＊2　**オープンストリートマップ・コミュニティ**……誰でも自由に使える地図を協働で作るコミュニティ。

＊3　**オープンAPI**……API（Application Programming Interface）、すなわちソフトウェアやプログラムを呼び出して利用するための技術仕様を公開すること。

＊4　**「振興三倍券」「振興五倍券」**……台湾政府が発行するクーポン券。1000台湾ドルを払って（自己負担して）3000台湾ドルのクーポン券をもらえるのが「振興三倍券」、自己負担なしで5000台湾ドルのクーポン券をもらえるのが「振興五倍券」。

＊5　**準同型暗号**……暗号化したデータを復号せずに、暗号化したままでデータを計算・処理できる方式。

＊6　**地域経済分析システム**……地方創生の取り組みを支援するために、経済産業省と内閣官房が提供するシステムで、産業構造や人口動態、人の流れなどの官民のビッグデータを集約し可視化している。

第2章 私はなぜ民主主義に関わるようになったのか

民主化運動研究をしていた父の影響

ここからは、私自身がどのようにして民主主義というシステムに関心を抱くようになったのかを振り返ってみたいと思います。

無意識にせよ、民主主義に対する私の関心が芽生えたのは、明らかに父からの影響があると思います。新聞記者として働きながら、民主化運動について研究していた父は、博士課程に進むために単身ドイツへ渡りました。

私がドイツに渡ったのはそれから1、2年後、小学4年生を終えるころでした。4年生といっても、実際には飛び級で6年生として学んでいました。しかし、卒業して中学に行くことが当時の台湾では許されず、私はリンボ（limbo：辺獄）の状態にありました。リンボというのは、カトリックにおいて、洗礼を受けることなく原罪の状態で死んだ者がとどまる、天国でも地獄でもない場所、と考えられていることから、比喩的に「宙ぶらりん」といった意味です。

そこで私に与えられた選択はいくつかありましたが、自分の年齢にふさわしい5年生に戻ってから1年後にもう一度6年生になり、卒業するというひどいものもありました。最終的には、私はドイツの学校に行くことを選びました。そのための手続きや準備は両親と一緒に行い、言語の壁もあることから、ドイツでは小学校の最高学年にあたる4年生に入ることにしました。私にとっては1級下の学年ということになります。

父はザールブリュッケン大学のユルゲン・トーマス教授のもとで博士論文にとりかかっていました。研究テーマは1989年の天安門事件です。天安門事件のあと国を追放された若者は北京に残ることは許されず、ドイツやフランスやルクセンブルクなどに亡命していました。

父は、論文作成のために、多くの亡命学生にインタビューを行っていました。そのインタビューは、時には我が家のリビングでも行われました。父が台湾の民主化について学生らと侃々諤々《かんかんがくがく》の議論を交わしているのを何回も目の当たりにし、私がその議論に参加することもありました。

歴史的に見ると、台湾にとって民主主義は、比較的新しいものであることがわかります。台湾が民主主義を特に重要だと考えるのは、その歴史に関係しているのです。台湾では1947年の二・二八事件以降、長い間、国民党政権による戒厳令下にあり、言論弾圧などが横行していました。戒厳令が解除されたのは1987年、私が6歳のころです。翌88年に李登輝氏が総統となり民主化が進みますが、前述のように、初めて総統直接選挙が行われたのは96年です。

この当時、台湾の憲法(中華民国憲法)の解釈として、大統領制ととらえるのか、議院内閣制ととらえるのかなど立法的な見解が分かれる中、父と亡命学生らは、民主主義システムをいかにして機能させればよいのかを議論していたのです。誤った報道がなされることがあるようですが、父は決して民主化推進運動に関わっていたわけではなく、それが彼の研究テーマであったということです。いま振り返ると、民主化の研究を真剣にしている父を日々そばで見ていて、民主主義への関心が芽生えたのだと思います。

「民主主義とは何か」。この答えを父が直接、私に説明したことはありません。ただ、父の書棚には民主主義に関連する書物がたくさん並んでいたので、それらを読みあさっていました。中国語でも英語でも読みました。

私がまだ小さいころのことではありますが、その中でも、いまもはっきりと覚えているのは、『ソクラテスの弁明』で知られるプラトンによる著書の数々です。

そのうちの1冊、『国家』という著書の中で、ソクラテスと多くの人との問答を通して定義される貴族政治、民主主義、寡頭政治（少数独裁政治）、独裁政治（専制政治）がとても印象に残っています。

そんなに幼くて内容が理解できるのかと思われるかもしれませんが、本に書かれている定義はそのころも理解していたと思います。そうした書物に囲まれて育ったため、私にとっての父に対するイメージはソクラテスにとても近いのです。

考える力を身につけた「ソクラテス式問答法」

私が子どものころに、両親が強調していたのは、「自分がやりたいことをやろうとする前に、まずなぜそれをやりたいのかを説明せよ」ということです。ですから、ダダをこねたり、怒りや不安など感情に訴えたりしてもうまくいきませんでした。なぜそうしたいのか、なぜそうするのか、という論拠をきちんと説明しなければなりません。特に父はソクラテスの名言「無知の知」（知らないことを自覚すること）の精神を大切にしており、ソクラテス式問答法を応用して議論を重ねることに誇りを持っていました。

そこに正当な理由があるかぎり、両親は私がやりたいことを何でもやらせてくれました。それが親の役割だと思いますが、決して好き放題にという意味ではありません。親の中には子どもの説明を聞かず、しつけのつもりなのか、「親の言うことを聞け」と一方的に命じる人がいますが、私の親はそうではありません。父は自分の主張を私に押しつけるのではなく、私が自分の主張を練り直して、それが現実にもっとうまくあてはまるようになるまで、私の主張の矛盾した部分、理にかなっていない部分を明らかにすることで、私の思考を精密化していったのです。

父が常々口にしていた箴言《しんげん》とは、「権力や権威に対して無分別に信頼するな」ということです。その「権威」には父も含まれます。たとえ父親が言ったことでも、「やみくもに信じるな、基本的に内容を自分で吟味・確認してから信用せよ」ということです。父は学者でもありますが、ジャーナリストでもあるので、「調査報道」の根幹である事実関係の確認についてはすこぶる厳しかったのです。

例えばこんなことがありました。私が夢中になっていたビデオゲームについて、父はいささか混乱していた様子でした。私は小学2年生からすでに独学でプログラミングを学びコンピュータに慣れ親しんでいたので、何の抵抗もありませんが、父にとっては、当時の新しい技術で作られたビデオゲームが未知の世界に映ったからです。ちなみにこのビデオゲームとは、人類文明の歴史と発展をテーマとした『シド・マイヤーズ シヴィライゼーション』シリーズのことで、私は第1世代（1991年リリース）から最新作の第6世代（2016年リリース）まで楽しんでいます。当時の私は、混乱している父に向かって根気よく説明していきました。

「お父さん、世界史を知るには、ウィル・ダラントの書物のようなものだけではイメージがわかないよ。このビデオゲームがイメージをわかせるのを助けてくれるんだよ」

家には、歴史家のウィル・ダラント（ウィリアム・ジェイムズ・ダラント）の11巻におよぶ書物『文明化の物語（*The Story of Civilization*）』がありました。そこに書かれている文章を読んでいても、例えば原始時代の船がどういうものであったかをリアルに感じることができません。しかし、ビデオゲームにはもちろんその映像が出てきますから、イメージがわきやすいですよね。

そこで父に、「このビデオゲームをすることは、ダラントの本にイラストをつけるようなものだよ」と説明しました。そうすると父は「これこそ学びや教育の1つの形である」と納得したのです。こうした世代間ギャップを埋めて相互理解を促す観点からしても、親子間のコミュニケーションは非常に重要です。

家庭教育は、学校教育とは異なりインフォーマルな場ではありますが、親子関係が正常に機能している家庭であれば、家庭教育は学校教育よりもはるかに重要です。しかし崩壊している家庭では家庭教育はあり得ません。そのときは当然、学校の教師が親の代理になって教育することになります。いかに学校が重要な存在かということです。

インターネット・コミュニティとの出会い

ドイツでは、1歳年下の同級生と1年ほど過ごしましたが、彼らは、台湾の同じ年齢くらいの子どもたちよりも成熟しているように感じました。自主性が尊重されるドイツの学校では、生徒自身が学びたい授業を選択し、自身の主張を的確に表現できることが尊ばれていました。ドイツで学ぶまで、台湾の学校の環境になじめず、不登校も経験していた私にとって、ドイツでの1年の生活が確実に変化をもたらしました。ドイツやアメリカの中学校へ進学するという選択肢もありましたが、私は台湾に戻ることを選びました。

私にとって「学校」とは、人々が一緒に学ぶところを意味します。それは公のインフラのようなもので、いまでは誰もがオンライン上でも情報収集や学習ができたり、人々と共通の価値のもと意見のやりとりをしたりすることができます。皆が編集していくウィキペディアも、ある意味で学校と言えます。実際、私は12歳のときにインターネットに出会い、帰国後は台湾の公立中学校へ進学しましたが、校長をはじめとする学校の計らいによって、試験以外は学校に通わずに自主学習に切り替え、インターネットの世界から多くを学びました。

オンラインでアメリカのコーネル大学の授業に参加していたのもその1つです。同大学が管理する「アーカイブ」というウェブサイト上では、学術誌での査読が完了していない、世界の研究者の論文が多く掲載されていることを知りました。AIをはじめ物理学、数学、計算機科学、統計学、計量ファイナンスといった多岐にわたる最先端の分野の研究論文が研究内容と一緒に掲載されていて、その中で自分が興味のあるものを見つけて学んでいました。

1971年に創始されたプロジェクト「グーテンベルク」は、アメリカ著作権法下で著作権の切れた作品を文字起こしして電子化し、インターネット上で公開するというプロジェクトです。つまり、電子書籍をアーカイブした、最も歴史ある「電子図書館」ですが、これも私にとっては一種の学校でした。それまで私が読んでいた書物は翻訳版でしたが、これによって原書を読める機会が格段に増えたのです。

やがて私自身が、インターネットを通じてこのプロジェクトに参加するようになりました。人によってその参加の仕方はさまざまで、原書の文字を打ち込んでいく人がいたり、テキストの校正をして誤字を報告する人がいたりします。私がしたことは、繁体字（台湾や香港で使用）と簡体字（中国大陸で使用）を自動変換できるプログラムを作ったことです。当時の中国コンテンツは提供されているものが少なかったので、どちらからも相互変換できるプログラムを書いたのです。このプログラムは、オープンソースとして、現在まで多くの人によって改善され続けています。

ここで気づいたのは、インターネット・コミュニティでは、年齢も性別も国籍も関係がないことです。同じ目標を共有して助け合う機会をインターネット・コミュニティの中に得て、私は自分の居場所を見つけることができたのです。その後、私は中学を自主退学してプログラマーの道へ進み、15歳で友人と起業、16歳ごろにはソフトウェア会社の共同設立に関わるようになりました。

「協働ガバナンス」という考え方

私が初めて主体的に政治的なものと関わりを持ったのは1996年、14、15歳のころです。私は、90年代に世界規模で急速に普及したインターネットに関するルール作成に参加しました。それは、インターネットで運用される技術の標準化を策定する「IETF(Internet Engineering Task Force：インターネット技術特別調査委員会)」という組織です。

ここで私は、「大まかな合意」「徹底的な透明性」「マルチステークホルダー・プロセス(多様な利害関係者が参加して協働で課題解決するために意思疎通を図るプロセス)」という、まさに私が現在行っている民主主義システムの根幹と言える、協働ガバナンスの概念に出会いました。

「IETFのタオ：初心者のためのインターネット技術タスクフォース・ガイド(The Tao

of IETF：A Novice's Guide to the Internet Engineering Task Force)」という手引きは、ＩＥＴＦがどのようにして始まったのかがわかる、最もアクセスしやすい文書だと思います。会合の開き方や進め方、議事録の無償公開などについて書かれているほか、「創設の信念」として引用されているデービッド・クラーク（マサチューセッツ工科大学コンピュータ科学・人工知能研究所上級研究員）の発言がこの考え方をよく表しています。

「我々は王様も大統領も投票も拒否します。大まかな合意と動作するコード（プログラム）を信じます」

タイトルにもあるように、ＩＥＴＦの基本原則には、老子の教えが背後にあります。それについて書かれた箇所を引用しましょう。

「道教は宇宙を単一有機体ととらえ、人類を宇宙全体の、相互依存する一部であるととらえています。タオはときどき『道』と訳されることがありますが、道教の哲学によれば、その単語の真の意味を言葉で表現することはできません」

私の考えでは、ここでのキーワードは「相互依存」です。組織や社会に置き換えると、「すべてのステークホルダーの行動は、ほかのどのステークホルダーの意見や行動に対しても相互依存するものであり、それゆえに、たった1回の投票による過半数票での合意の到達・解決はあり得ない。我々はお互いの意見に耳を傾け、探索しながら大まかな合意に達するという理解のうえで民主主義を実践する」ということです。そうすることで、皆がその合意のもとにアイデアを実行に移せるのです。

社会民主主義的コミュニティが根づく文化

台湾では戒厳令の解除前、1980年代ごろから社会民主主義的なコミュニティ作りが行われていました。私の個人的な経験を話しましょう。

1980年代後半に、チャリティによる環境保護財団、「ホームメイカーズ組合」が発足しました。地域の消費者革命を推進するべく、正義・健康・幸福にもとづく持続可能な社会を作ることを目的とした、主婦たちによる非営利団体です。

90年代に入るとカドミウム汚染米や、農作物の残留農薬といった食品安全に関する問題が多発するようになりました。そこで団体は、安全でヘルシーな食品を求めて、無農薬農作物を栽培することにコミットしている農業従事者を激励し、サポートし始めます。具体的には100家族以上が集まり、農家が安心して安定的に食材を生産できるよう、契約農家から直接注文する「共同購入」キャンペーンを開始しました。農家から直接、農作物を購入することで、地域の農家は安全な農作物を生産し続ける意欲を持てます。一方で、これは明らかにガバナンス（統治）が必要な仕事ですが、長い間チャリティスタイルで続けていました。

2001年には団体の会員数が1800人近くまで達したことから、「ホームメイカーズ消費者協同組合」が正式に発足しました。会員1人ひとりがシェアホルダーになり、同じ議決権を有し、同じ義務が発生します。もちろん歳計剰余は、その半分が配当金として会員に払われ、残りの半分はいざというときのための、オフィスの準備金やスタッフの補償金として使われます。

「ホームメイカーズ消費者協同組合」は現在も非常に活力があり、台湾の歴史に残る協同組合になっています。私たちは2021年、この協同組合に賞を授与しました。ビニール袋をリサイクルしたモデルのパイオニアになったからです。ビニール袋などが再流通の施設にすべて戻され、新しいパッケージ素材として再利用されるようになり、すばらしい循環型経済を形成しています。現在は合計で50以上の協同組合のステーションを持ち、100以上の製品を扱っています。

じつは私の母が「ホームメイカーズ組合」設立に関わった1人であるため、ここでは私の個人的な経験として紹介しましたが、もちろんこのような取り組みをしている人たちはほかにもたくさんいます。

母に関して言うと、90年代以降は教育改革やオルタナティブ教育に関心を持ち、その方向にエネルギーを注ぐようになりました。そして小学校に始まり、最終的には中学校まで含む実験学校「種子学園」を開校しました。ここでは学年分けを行わず、学校のルールも子どもたちが話し合って決めています。

私は子どものころから、化学物質やゴミ廃棄で汚染された場所を見学するなど、ホームメイカーズ組合が問題意識を持ち、実践してきた多くのことに関心を寄せて、一緒に参加していました。いまも母親の学校を訪れてランチを一緒にすることもありますが、ランチで使われている多くの食品はホームメイカーズ消費者協同組合から調達されています。

オープンソース運動との関わり

16歳ごろに共同設立したソフトウェア企業は、のちにインテルから投資を受けるまでに成長しました。私はそのタイミングで会社を離れ、19歳でアメリカに渡り、シリコンバレーでソフトウェア会社を起業しました。その契機はエイサー・ペリフェラルズ社（Acer Peripherals, Inc）という会社の投資部門に招待されたことです。私が取り組んでいたスタートアップの主な投資家たちはＢｅｎＱグループだったので、社名をＢｅｎＱとしました。投資家たちから招待を受けて、シリコンバレーがあるサンノゼで、当時「オープンソース運動」と呼ばれる、新しいムーブメントを起こしていた人たちを相手に講演をしたこともあります。オープンソース運動というのは、１９８０年代に始まったフリーソフト運動から分かれて発展したものです。誰でも公開されているソースコードを手軽に入手し、修正しく頒布《はんぷ》できるオープンソースの考え方に、私は共鳴していました。

最終的にはシリコンバレーには半年くらいしか住みませんでした。というのも、ビデオ会議でも仕事ができることがわかったからです。その後、また台湾に戻りました。

そして台湾では、ＢｅｎＱからの出資を受けた新会社で、オープンソース・ソフトウェアと教育訓練のサービスを提供するコンサルティング業務を行いました。少人数の会社でしたが、オープンソースと「Ｐｅｒｌ」というプログラム言語を広めるためのオンラインコミュニティを立ち上げ、プログラム開発者たちとチームを組んで仕事をしていました。２００５年にはコミュニティとともに「Ｐｅｒｌ６（現Ｒａｋｕ）」を開発しました。この会社自体は5年ほどで終了しましたが、このころに現在のような仕事の仕方のベースができつつあったように思います。

シビックハッカー・コミュニティ「g0v」の誕生

私が現在も参加を続けている市民参加型のシビックハッカーのコミュニティ「ｇ０ｖ」は、「ゼロから行政府の役割を考える」ことをミッションとして、２０１２年に立ち上がりました。テクノロジーを活用して行政府の動きや予算の内容を可視化し、広く市民に伝えています。

そのきっかけは、国民党の馬英九政権（当時）が制作した「経済力推進プラン」の動画広告がユーチューブにアップされたことにあります。政府の経済政策を市民に伝えるはずの動画が、逆効果になったのです。というのも、その動画の中身を簡単に言うと、次のようなものだったからです。

「私たちが推進する経済政策をあなたたちに伝えたいのだけれど、あなたたちが理解するには複雑すぎるから説明できないのです。経済の発展には、完璧な計画が大事であり、複雑になるのは当然なのです。でも、たくさんの政策がすでに進行中ですから、あなたたちは理解しようとしないでとにかく実行しましょう！」

これが市民を怒らせたことは言うまでもありません。ユーチューブの閲覧者が抗議したことで、政府のユーチューブアカウントは2日間停止になりましたが、数日後に再び掲載されました。これに対して立ち上がったのが、のちのｇ０ｖの共同創設メンバー４人でした。彼らは、単に行政の姿勢を批判するのではなく、複雑な政府の予算を誰もがひと目でわかるように可視化し、ネット上に公開してみせたのです。

この中央政府予算の可視化プロジェクトは、現在、さらにわかりやすく改善され、予算分布やその施行状況などが可視化されています。また、私たちもこのアイデアを参加型プラットフォーム「Ｊｏｉｎ」のウェブサイト上に実装しました。政府の予算をわかりやすく公開し、市民が疑問に思ったことを直接問題提起できるようにしたもので、双方向的なプラットフォームとして政府のウェブサイトの恒久的な一部になっています。

ｇ０ｖはこうして政府に対して徹底した情報公開と透明性を求め、その後も数々の社会変革をもたらし、さまざまなオープンソースプロジェクトが生まれています。

市民の政治関与への機運が高まった「ひまわり学生運動」

私が政治に直接関与するきっかけとなったのは、２０１４年３月に起こった「ひまわり学生運動」です。そして、この運動はその後の台湾の民主主義のあり方そのものを大きく変える契機となったのです。

背景となったのは、3月17日に国民党の馬英九政権が、台湾・中国間での通商合意「海峡両岸サービス貿易協定」について、十分な審議を行うことなく立法院（国会に相当）での強行採決に踏み切ったことでした。翌18日から、政府への透明性と、審議再開を求めた学生たちが、立法院を3週間にわたり占拠したのです。

私は、g0vのスラック（チャット）チャンネルを通して、友人や知人たちにリクルートされ、彼らと一緒に、立法院を占拠した学生たちの様子をインターネットでライブストリーミングするための技術面でのサポートを行いました。

デモに物理的に参加できない人はパソコンやスマホなどで、路上で参加する人は、立法院の外に設置された大きなスクリーンでも中の様子がスムーズに見られるように、インターネット接続のスピードを上げること、そして立法院の内外をつないで参加者どうしで議論ができる場を作り、それらすべてをオンラインで公開することが主な役割でした。

g0vはまた、海峡両岸サービス貿易協定が締結されることによって、人々の働く会社がどれほどの影響を受けるのか、その影響の度合いを、企業名や統一事業者番号を入力す

「ひまわり学生運動」で学生が立法院を占拠。(写真:AP/アフロ)

るだけでわかるツールも開発しました。議論ができるだけ感情的にならないようにするためです。エビデンスにもとづいた議論が進むことで、貿易協定のさまざまな側面を具体的に審議できるようになります。

ひまわり学生運動には、支援団体として約20のNGOも参加していました。彼らには人権・労働・環境保護といった観点でそれぞれに明確な主張がありました。そこで、彼らとこの協定によって影響を被る各ステークホルダーをネットでつなぎ、多くの議論を重ねたあと、学生やデモ参加者などとさらに話し合うことによって、最終的に皆の要望は4つに集約されました。その要望を議会に提出すると、立法院長はこれを認めたのです。

このデモが成功した主な理由の1つは、初日に参加した人たちの多くが警察隊を囲みましたが、警察が動こうにもまったく手を出しようがなかったことです。ライブストリーミングを通してリアルタイムに事態を目撃している市民の目の前でデモが繰り広げられたことで、非暴力であることが容易に理解され、デモは正当性を勝ち取りました。もう1つは、単に抗議するデモではなく、多くの人々が協力し合いさまざまな意見が取り入れられたデモだったということです。

立法院の外には約50万人が路上に集まり、インターネットでライブストリーミングを見ていた人を含めれば、さらに多くの人が参加していたことになります。デジタルを使って透明性を確保することで、これだけ多くの人たちの間でも大まかな合意に至ることができる、ということがわかりました。デジタルを使えば、古代ギリシャのアクロポリスに入る人数よりもはるかに多くの人が政治や議論に参加できるのです。

リバースメンターとして政府に招かれる

この一件によって、台湾の人々の政治に対する関心と、透明性を求める機運が一気に高まりました。こうした動きが直接インパクトを与えた結果が、同年末に行われた市長選挙（統一地方選）です。政府に透明性を求めるオープンガバメントの運動を支持していたすべての市長が当選したのです。それには立候補した本人たちも驚いていました。少しでも独裁的な色を見せた候補者は、属していた政党に関係なく皆、落選しました。台湾では、いまでこそ政府も情報公開に積極的ですが、「オープンガバメント」が新たな政治的標準となったのは、ひまわり学生運動がきっかけだったのです。２０１６年に蔡英文が第７代総統に就任したのも、こうした民主主義の風土ができていたからです。

また、ひまわり学生運動を推進・支援した人たちは「リバースメンター制度」（若手が上司や先輩に助言すること）の一環として、政府に招かれました。これは、すでに複数の閣僚が取り入れていた制度ですが、ひまわり学生運動の社会的雰囲気がさらにこれを正当化しました。２０１４年、私も当時の馬英九政権下でのデジタル担当政務委員、蔡玉玲のリバースメンターとして招かれ、その後、16年に現政権で現職に就いたのです。

リバースメンター制度は、各大臣が35歳以下の若者をメンター（助言者）として任命する制度です。私がリバースメンターになるときに出した条件は3つ。「自発的な協働」「徹底的な透明性」「所在の独立性」です。つまり、誰からも命令されないし、誰にも命令をしないこと、私が関わるすべてのものを公開すること、オフィスではなくテレワークを利用してどこででも働くことが私の原則なので、その原則に同意さえしてくれれば、閣僚であろうと、そうでなかろうとどんな組織とでも仕事ができます。それに同意してもらえたので、何の迷いもなく快諾しました。

現政権では、どの閣僚もリバースメンターを採用しなければならないと考えられています。もちろん、私もリバースメンターと一緒に働いています。リバースメンターは、生まれたときからデジタルやコンピュータが身近にある「デジタルネイティブ」であり、年長者である閣僚との世代を越えたコラボレーションを実現しています。つまりこれは、相互学習です。年長者とペアを組む若いリバースメンターは新しい視点を閣僚に提供し、そして閣僚から知恵を学びます。

オープンソースは独裁を排除する

私は33歳のころに会社経営から退《しりぞ》きました。アップルやBenQなどの顧問を務めていましたが、しだいに公益のために自分ができることはないかと考えるようになったのです。そんなときにg0vのプロジェクトの1つであるオンライン辞典『萌典』の開発に携わりました。このプロジェクトは、台湾語、中国語、英語、ドイツ語、フランス語などの言語を1つの辞書にまとめてクラウド化し、新語が出てくれば、市民の手によって追加されていくものです。現在も、社会全体から非常に好評です。

g0vは、ひまわり学生運動以降、非常によく知られる存在となりました。g0vで実践したプロジェクトには、前述のように予算の透明化や、議会での討論のライブストリーミング、私が関わった『萌典』などいろいろありますが、こうしたプロジェクトに共通するのは、実用的で双方向的なコミュニケーションをもとにしている点です。非常に役立つものであると同時に楽しいのです。

g0vは市民のボランティアで構成されている大きな社会セクターの組織です。あらゆる分野の人たちが参加していますが、常に多くの人がスラック（チャット）チャンネルにいます。現時点で1万人以上います。

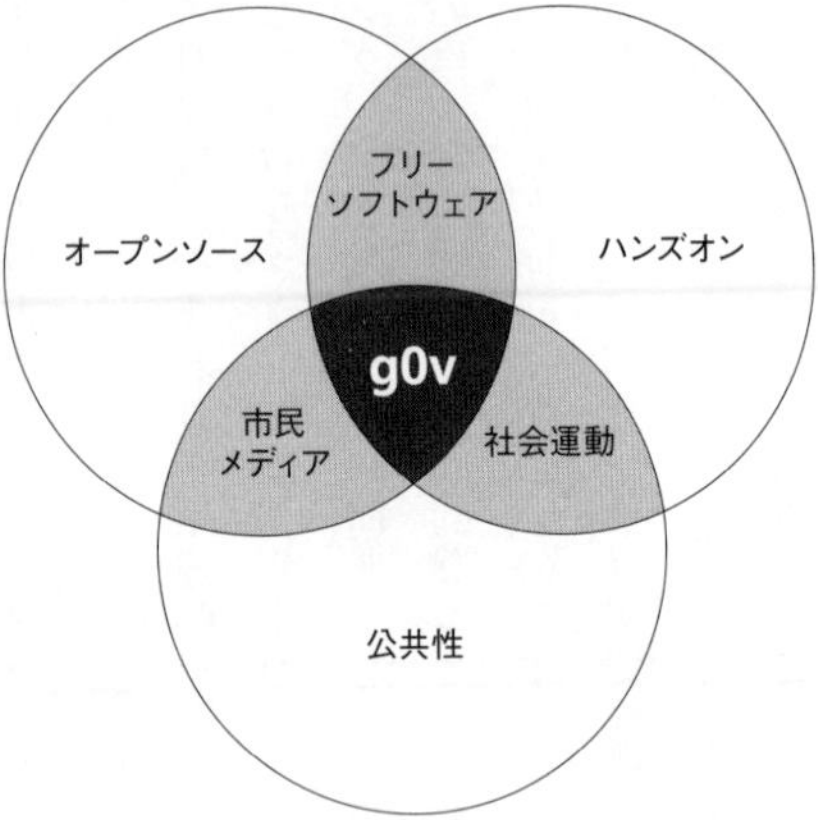

g0vの基本的な考え方を表した図

g0vのすべての貢献の背後にある発想は、とてもシンプルなものです。「ハンズオン（現場で実践する）」「オープンソース」「公共性」にもとづくアプローチを行うこと、そして「フリーソフトウェア」「市民メディア」「社会運動」から最も効率のよい手法を組み合わせて、透明で活発なコミュニティを作ることです。

g0vには全体のリーダーはいませんが、それぞれのプロジェクトにはもちろんリーダーがいます。予算の可視化や『萌典』の開発など、すでに進行しているプロジェクトだけにとどまらず、ここでは誰でも新しいプロジェクトを始めることができます。g0vの中に「複数の異なる中心」が存在していると言えます。その1つが、市民による参加型プラットフォーム「vTaiwan」（第3章参照）プロジェクトです。

各プロジェクトリーダーの仕事は大変です。オープンソース式で進めていくので、リーダーは絶えずプロジェクトが分岐して、別のプロジェクトやコミュニティが立ち上がってしまうプレッシャーにさらされています。参加者はプロジェクトのリーダーと意見が合わなければ、それまで彼らが進めてきた仕事を、別の方向に持っていくこともできるからです。それがg0vの重要な条件です。そして先にも述べたように、透明性があり、誰でも使用できるクリエイティブなオープンソースを使わなければなりません。

リーダーはモデレーター（調整役）としての役割を果たすことを義務づけられていませんが、分岐が起きたときのリスクを考え、最終的にはほとんどのリーダーが調整役をするようになります。プロジェクトのリーダーが独裁的に自分の意見を通そうとすると、分岐が起きてしまうわけですから、リーダーには絶妙なバランス感覚で仕切る能力が求められます。

人間というのは生まれつき独裁的なわけではありません。しかし、独裁的な方向に傾き出したら、人々は別の方向に行ってしまう、ということを表しているのではないでしょうか。

第3章　市民参加型の討論を実現

誰もが電子請願できる「Ｊｏｉｎ」

市民が直接、政治に参加できるデジタルプラットフォーム「Ｊｏｉｎ」は、２０１５年にスタートしました。ここでは、誰もが発起人になって自身の政策アイデアをオンラインで提出することができます。その提案に対して60日以内に５０００人以上の賛同者が集まれば、行政の関連部門は、必ず書面で回答しなければならないという決まりがあります。

選挙権を持たない若い世代も、在留外国人の方でも、誰もが民主的プロセスに参加できます。デジタル技術を活用することで、数年ごとの選挙を待つことなく行政に直接提案ができ、またその議題に対して市民が直接議論に参加できることが最大の特徴でしょう。

台湾では、こうしたプラットフォームを通じて市民と政府が協働で統治する「協働ガバナンス」が実践されています。台湾の人口は約２３００万ですが、このプラットフォームを利用した市民はすでに１０００万人を超えており、市民にとって政治がいかに身近な存在であるかを示しているかと思います。

できるだけ多くの市民に参加してもらうためには、インクルーシブであることが最も重要な要素です。敷居を低くする方法として採用していることに、ハンドルネームの使用が挙げられます。もちろん強制ではないので、中には実名の人もいますが、多くの人はハンドルネームを使って参加しています。

「Join」へログインするには、フェイスブック、グーグル、ヤフーのいずれかのアカウントと、メールアドレスなどを登録してもらう必要があり、それによって本人確認ができるため、ハンドルネームであってもまったく問題はありません。身元がわからないまま議論に参加することは現実的にはできないので、実名と匿名の中間と言えばいいかもしれません。

この中間的な名前の使い方の長所は、SNSに見られるような、匿名性ゆえの無責任な発言や挑発的な発言をしなくなることです。そしてもう1つは、周囲の目を気にすることなく、自由に請願したり意見を述べたりできることです。

市民から出される請願には、社会をよりよくするためという前提があり、トピックによって行政府のあらゆる部会（省庁に相当）に関係するため、行政が関わりを拒否することはあり得ません。請願内容によっては、書面回答が約束される2か月以内にすべてが解決できる短期プロジェクトもあれば、1年以上かかる長期プロジェクトもありますが、いかなる規制についても決定される前にＪｏｉｎで議論されます。例外はありません。外交や国防など総統権限に関係する事柄に限り、請願の対象から除外されますが、それ以外についてはいまでも動いているプロジェクトや議論されている請願が２４００以上もあり、非常に市民に浸透しているプラットフォームと言えます。

「返信」機能をつけないことが意見を活発化させる

まず、請願者は、Ｊｏｉｎですでに同じような提案が出されているかどうかをチェックします。同じような提案がなければ、ここでアイデアを書き出して請願することができます。

そうした請願内容に対して、市民は自分の意見を「投稿」したり、さまざまな投稿への賛否を示したりすることができます。ここで重要なのは、１つの投稿に対してクリックできるボタンは「賛成」か「反対」のみで、「返信」はないということです。返信機能があると、特定の人を挑発するようなトロール（荒らし）行為が起きやすいからです。そうすると、人々はそのイシュー（課題・論争点）の本質的な部分に対してではなく、表層的な部分に目を向けてしまうのです。

この「返信」機能をなくすことで、自分の考えに従って賛成か反対か、自由に意思を示せます。プロセスはすべてリアルタイムで公開されているので、その請願がいつ行われ、現時点で何人の賛同者がいて、請願に対してどれくらいの多様な意見（投稿）があるのかが可視化されます。

また、その人の関心事に関連するようなトピックについて、ほかの請願書が出されていることを知らせる機能もあります。これは、アマゾンで本を探すと、その本に関係する本をレコメンデーションで教えてくれる機能と似ています。それによって、さらに社会や公共の問題への知識が深まり、もっと参加したいと思うこともあるでしょう。また、関心のあるジャンルについて、請願されたことを知るための通知を設定することもできます。

その点で言うと、Ｊｏｉｎは定評のあるＮＧＯとも連携していて、彼らが重点を置いている分野で、どういう請願書が出されているのか、どういう規制が議論の対象になっているのかなどを掲載したニューズレターが毎週更新されているので、ここでも知識をより深めることができます。特定のテーマについて提出される提案に関心がある人は皆、自分の

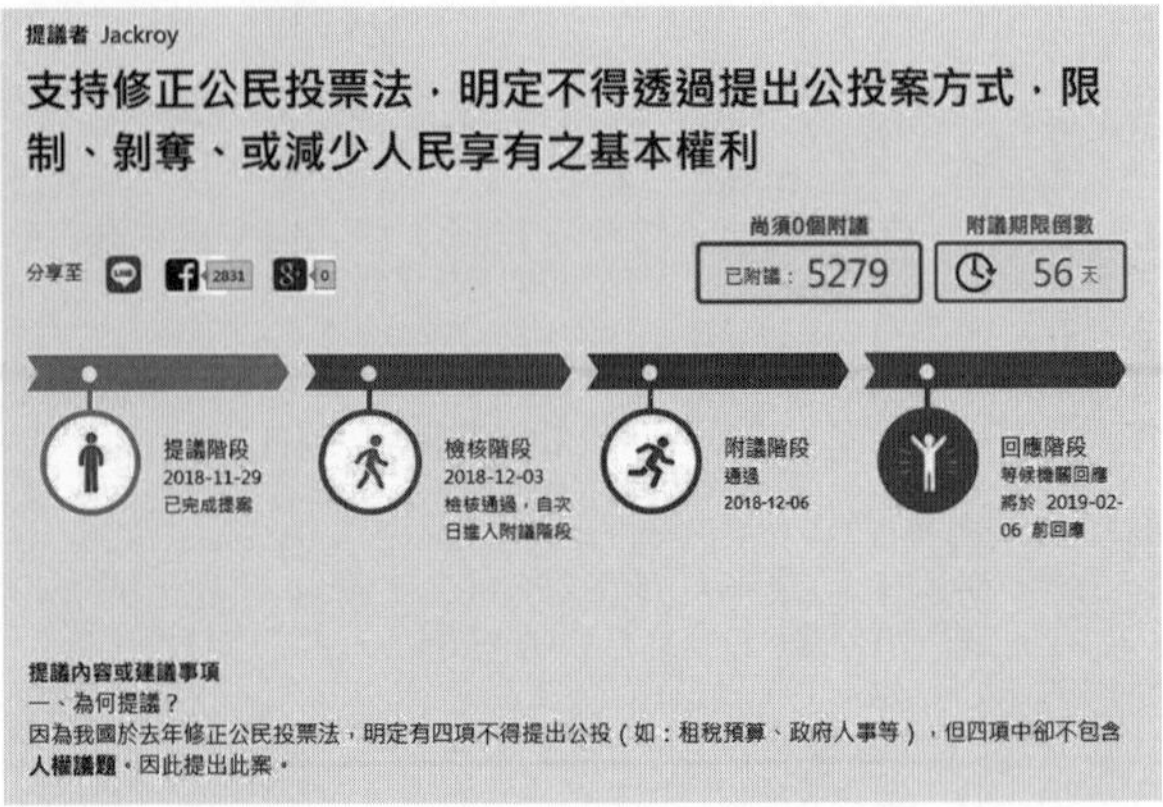

Joinでは市民の請願から行政の回答まで、すべて可視化されている。例えば上図の2018年11月29日に出された現行投票法の改正案に関する請願に対しては、12月6日に5000以上の署名（賛同）に達したことが認められたため、回答期限としている2か月後の翌19年2月6日までに、所轄機関である中央選挙管理委員会により書面回答が行われたことを示す。（PDIS提供）

考えを持っているという点で「専門家」と言えるでしょう。

請願から60日以内に、5000人の署名（賛同）を集めたものは、行政府が提案として受け取ることになります。民主主義においては往々にして多数決の原理があり、少数派は排除されがちです。また過半数が勝ち負けのラインになっている場合、過半数を取れないと敗北感を覚えるでしょう。

しかし、このプラットフォームでは、いつでもどこでも、何回でも新たに請願することができます。署名が5000に達することができなかったとしても、敗北感を覚える必要はないのです。1回で諦める必要もなく、内容を磨き直してまた提出することもできます。数年に1度の投票を待つこともなく、いつでも参加できます。文字どおり継続的な民主主義への参加が可能となるのです。

この5000という数字は拘束力を持ちます。署名が5000に達すると例外なく取り上げなければならない、という拘束を行政に持たせることは非常に重要です。

共通の価値観を見いだしてイノベーションにつなげる

署名が5000に達すると、その提案によってさまざまな影響を受けるステークホルダー（利害関係者）を招いて、対面で政策の方向性を決める「協働会議」に入ります。この初期段階は、まだ解決法が提案される段階ではありません。みんながどう思っているか、考えを聞いていく段階です。取り上げる問題によってはさまざまなステークホルダーが関与するため、意見がかなり分かれる場合があります。そこで大切なのは、意見の異なるそれぞれの立場を理解しようとする姿勢です。対立ではなく、対話によってすべての立場を理解するべく努力し、そこから共通の価値観を見いだすことが重要です。

例えば、先にも述べたように、台湾ではプラスチック製のストローなどの使用が段階的に禁じられました。この請願の発起人は、プラスチックゴミの海洋生物やそれを食用とする人間の体への影響に懸念を抱いていました。

一方、プラスチック製ストローの製造業者は、台湾でA型肝炎ウイルスが猛威を振るっていた約30年前に創業し、コロナ禍で使われているマスクのように、人々の健康を守るために使い捨て用のストローを製造してきたのです。しかし現在では、A型肝炎は治癒《ちゆ》できる病気となり、ワクチンもあるので予防もできます。以前のようにはプラスチック製ストローを必要としなくなりました。現代の人々の環境問題への意識変化を受けて見いだされた共通の価値観は、「食の安全を守り、市民の健康全般を守る」というものでした。

そうして共通の価値観が見いだされ、お互いに受け入れ可能な合意に近づいてくると、各分野の代表者が実際に集まって具体的な政策にまとめられます。ここでは「専門家」の力が大いに発揮されます。例えば、プラスチック製のストローを生分解性のものや、再利用可能なものに置き換えるために、大学教授などの専門知識を必要とします。また、間接的に影響を受ける飲料業界の製造業者への経済的ダメージを最小限にするべく、ストローを使わない容器に設計するにはプロのデザイナーを必要とします。

各専門家がこうした知識を提供してくれることで、さらに議論が深まり、実り多い効果をもたらしてくれます。実際、その製造業者に関しても、サーキュラーエコノミー[*1]（循環型経済）を通して自社の技術を生かしながら、業態を転換する方法を探しています。

このように、お互いに異なる立場であっても、共通の価値観を見いだすことによって、受け入れ可能な大まかな合意に達することができます。結果として、それは関わるすべての人にイノベーションの機会を提供できるということなのです。

私が身につけているジャケットも、リサイクルされたプラスチックとコーヒー豆の廃棄物から作られたものですが、社会はよりサステイナブルな方向へと変化しています。環境問題について言えば、いま社会全体で必要なことは、こうしたガイダンスの機会を増やすことなのでしょう。Ｊｏｉｎの請願者の中でも、特に若い世代は、環境問題に関してさまざまなアイデアを社会に提供しています。もちろんこれらのプロセスはすべて議事録やライブストリーミングで公開されているので、人々はさまざまな知見を得ることができます。

意見の対立には先の世代を見据えた話し合いを持つ

では、共通の価値観が見つかりそうにないほど、両極端に意見が分かれている場合はどうしたらいいのか。探るべきは共通の「ニーズ」なのだと思います。言うなれば、これは「非暴力コミュニケーション」の根源です。

つまり、人類の共通のニーズ、我々が生まれてきた世界と比較して、それよりもよい世界を後世に残したいという願望は、万人に共通しているものだからです。共通の価値観を持たない、あるいはまったく異なる意見しか持たない文明などないということです。現実的に、核となる部分で持続可能性を望まない文明など、残存し得ないでしょう。地球に存在するすべての文明は、持続可能なＤＮＡを持っていなければなりません。

共通の価値観を目の前の現状だけで見つけようとは思わず、むしろ世代単位で見て、次の世代、あるいは7世代先のことまで見据えることによって、共通の価値観は必ず見つかります。

これは政治哲学者、ジョン・ロールズが唱えた「重なり合う合意」[*2]の理論です。まずは、お互いに刹那《せつな》的なイデオロギーをそれぞれのカッコの中にしまい、具体的なテーマについて、いかにして将来をよりよいものにするか、より長続きさせるか、よりレジリエントにするか、よりサステイナブルにするか、を重点的に話し合ってみると、異なるイデオロギーを持った人でも、突如として、以前思っていたよりもより多くの共通点があることを発見します。

こうしてより先の未来を見たほうが、共通の価値観を見つけるのははるかに簡単になります。これはどこの組織にもあてはまります。会議などで一見まとまらなさそうな案件であっても、もしいま自分がいるのが未来であったらこれにどう対処するか、という視点から再考するだけで、人の思考は変わるものです。

真っ向から意見が対立しても合意できる

まったく正反対の意見から、共通の価値を見いだすことができたケースをご紹介しましょう。

はじまりは「台湾はタイムゾーンをGMT＋9に調整するべきだ」という請願でした。GMTとは「グリニッジの標準時間」を指します。台湾は〈GMT＋8〉（標準時間＋8時間）ですが、これを、日本や韓国のタイムゾーンと同じ〈GMT＋9〉（標準時間＋9時間）にするべきだという内容でした。

ところが、この請願に反応するように、もう1つの請願が提出されたのです。それは「台湾はGMT＋8を維持するべきだ」というものです。そこで、双方の立場に立った議論ができるように、同時に協働会議を開催することにしました。もしここで「合意」ではなく、「妥協点」を見つけるとしたら、中間をとって30分先に進めることを意味するわけですが、それは誰も満足させません。非常に悪い妥協になります。

まず私たちは、なぜ台湾のタイムゾーンを1時間進ませて日本や韓国と同じにしたいのか、じっくり意見に耳を傾けました。すると、その人たちの意見は、中国の北京や上海が台湾と同じGMT＋8なので、台湾に旅行で訪れる外国人に、台湾が中国と無関係であることが明確にわかるように時間を変えてほしいというものでした。

一方、台湾はGMT＋8を維持するべきだと主張する人たちの意見は、台湾の国際社会での認知度を高めたいというものです。彼らはGMT＋9というタイムゾーンに変えることは、「15分の名声」（アメリカの芸術家、アンディ・ウォーホルが使った言葉で、「誰でも15

分なら有名になれるが、長続きしない」という意味）でしかない、と主張しました。

こうしてタイムゾーンについては意見が異なりますが、「台湾をユニークな存在の国にしたい」という普遍的な価値観が共通していることがわかりました。

そこで私たちは、タイムゾーンを変更するのにどれくらいのコストがかかるのかを正確に計算しました。労働法の調整や株式市場なども考慮に入れ、すべての点から計算しました。そうして両者にこう告げたのです。「この予算をタイムゾーンの変更にあてがわずに、『台湾をよりユニークにする』という、共通の価値観の実現のために意見を出し合うことができますか？」

そこから双方の請願者たちが、この共通の価値観にもとづいて意見を出し合い、結果的に非常にすばらしいアイデアが生まれました。例えば、「台湾の人権問題への追求をもっと強調すべきである」といったものや、「民主主義や人権を重視した『オープンガバメント・パートナーシップ』[*3]などの国際機関に参加すべきである」「もっと気候変動などに関して国際的な貢献をすべきである」というものです。

双方からの請願者は最終的に、お互いの共通の価値観にもとづき、非常に生産的な方向で合意に達し、改めて皆が自分たちの国を見つめるきっかけを作り出しました。もちろん台湾のタイムゾーンが変更されることはありませんでしたが、ＧＭＴ＋９を主張した請願者たちも実際は満足感を覚えたのです。彼らの根本的な価値観が認められ、強調され、それを踏まえて行動がなされたからです。

お互いに耳を傾ける姿勢が健全な議論を生む

これまで見たＪｏｉｎの一連のプロセスは、ダブルダイヤモンドモデルを参照するとわかりやすいでしょう。

まず１つ目のダイヤモンドでは、課題を見つけてそれを共有すること、２つ目のダイヤモンドでは、具体的な解決策を見つけてそれを提示するということです。

前者については、さまざまな異なる意見に耳を傾け、その中から共通する価値観を見つけて共有することを意味します。後者については、共通する価値観をもとに、よりインクルーシブで持続可能な観点から、実行可能な解決策を社会に提供することを意味します。多様な意見を持つ人々と協働することで、自分だけでは成し得ないイノベーションが起こ

ダブルダイヤモンドのプロセス

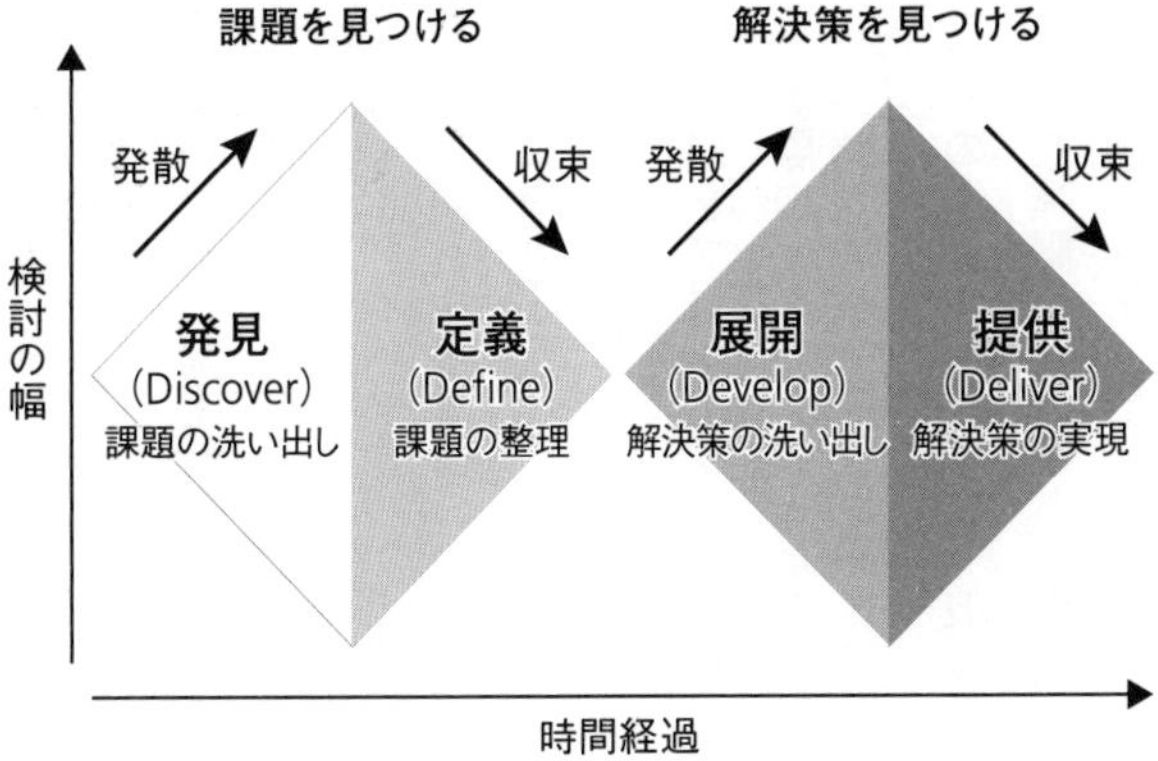

ることも示唆しています。

Ｊｏｉｎが導入され、市民が声を上げやすくなった結果、それまで政治に関心のなかった人にも声が届くようになり、それが共感を呼び、さらに議論が活性化するという好循環が間違いなく生まれています。

特に中高生の場合は、有権者の年齢に達していないので、選挙を通して代議士を選ぶルートがありません。若者たちによって出された声に対して、閣僚が責任を持って応える唯一の場がＪｏｉｎなのです。

つい最近、ある学生が出したのは、「中学校・高校の授業時間を9時30分から17時までに変更する」という請願で、これには1万件以上の署名が集まり、非常に大きな反響がありました。現在、学校によって多少の差はありますが、台湾の中学・高校生の授業時間はだいたい8時から16時で、そこからさらに塾に通う学生も多いため、帰宅時間が遅くなり睡眠時間が十分にとれない、授業中に居眠りをしてしまうため登校時間の変更を求める、という提案内容です。

協働会議は、学生グループのほか、教師や親、学者などのグループの代表が集まり行われました。通常なら対面での会議が行われるところですが、コロナ禍により、オンラインでの開催になりました。

会議を通してまず、私が気づいたことは、オーガナイザー自身が若者である場合、オンライン空間をプロソーシャル（社会に利益をもたらす）にする方法をすでに把握している点です。実際のところ、大人たちに対して質の高い審議への意欲を示していたのは、まさに彼らでした。

というのも、学生たちは、彼らの直接のステークホルダーである親に、学習活動の有効性は十分な睡眠をとるかどうかにかかっている、ということを理解してもらうべく、協力し合い、対話の方向性を形成するような方法をたくさん考えていました。このケースでは明らかに、「十分な睡眠」が、教育セクターのすべての利害関係者に共有されていた共通の価値観です。

ただこうした提案自体、「衆愚政治に陥る可能性があるのではないか」という懸念もありました。つまり、怠けたい学生が、「授業時間を13時から17時にしたい」と言い出すようなケースも想定されることです。

しかし、協働会議の冒頭で専門家が示したのは、睡眠科学についての最新情報の報告でした。最適な睡眠時間は8時間で、最大でも10時間です。その観点からしても、非合理的な提案があったとしても、この情報をもとに退けることができます。

私がここで言いたいのは、協働会議というのは、誰かのアイデアが社会全体に響き渡る場だということです。決して意思決定の段階ではなく、コンセプトを示して共有したり、お互いの意見に耳を傾けたりする場であるということです。

今回のケースでは、まず学生たちが話の方向性を共同で形成しました。そのときに必要になるのは、デマゴーグ（衆愚政治家）やポピュリストの主導者とは対照的なスキルです。彼らはまず親の悩み、教師の悩み、公務員の悩みに耳を傾けます。お互いに熱心に耳を傾け、共通の価値を見つけようとする姿勢そのものが、衆愚政治に陥りたくないと願うすべての人を守る、精神のワクチンになるかもしれません。

合意形成を可視化させる技術「Pol.is」

合意形成において、人数が少ない場合は、意見をまとめるのはさほど難しくありませんが、数百人、数千人、あるいはそれ以上の意見を客観的にオピニオン・グループとして分けるのは困難です。そこで台湾では、オンライン上で合意形成のプロセスを可視化する新しい技術を、vTaiwan（後述）をはじめとするさまざまな議論の場で取り入れています。それは「Pol.is《ポリス》」と呼ばれるものです。

前述のようにSNSは、自分がどれだけ正しいと思って意見を投稿しても、個人攻撃を受けやすいという深刻な欠点があります。特に政治に関するテーマはそれが顕著で、対立をさらに深いものにします。主な2つの理由として、1つは返信機能があることで、もう1つは匿名性であることです。さらに従来の民主主義では多数決が原則なので、少数派意見が排除されるという、同じくらい深刻な欠点があります。これらの欠点を克服するために考案されたのがPol.isです。

この技術は、2010年のSNSを使った市民革命「アラブの春」に端を発した抗議活動「OWS（Occupy Wall Street：ウォール街を占拠せよ）」[*4]（2011年9月）をきっかけにして考案されました。

まず、この技術では、人々が安心して意見を投稿できるように、返信機能はありません。投稿に対して反応できるのは「賛成」「反対」「パス・不確定」のみです。目的はコンセンサスに到達するためですから、返信機能を取り除いたことはとても重要な要素です。投稿された意見を誰も攻撃することはできないのです。Pol.isの創設者の1人、コリン・メギル氏は、「Pol.isの目標は、一貫性を維持しつつ、多くの人の意見を処理することができるような『コメントシステム』を作ること」とも述べています。

また、Pol.isでは、大まかな合意形成のプロセスを可視化することができます。従来の技術だとどうしても、あるテーマについて多くの人が対話しようとしたときに、最も声が大きい人の意見があたかも正しく、代表的な意見のようにとらえられる傾向がありました。実際、それがOWS運動で起きました。SNSで大きな声を出した人の意見だけが注目を浴びたのです。

投稿を繰り返すほど意見が洗練される

ＳＮＳには社会の分断を深めるという、民主主義を脆弱化するような短所がありますが、Polisでは、自分が関心のある議題について安心して意見を表明することが奨励されます。意見が分かれる議題であっても、大まかな合意を築くことが目的ですから、参加者は共有される価値観を探そうとします。解決の可能性のある意見を自由に出し合えるので、自分たちの考えだけにとらわれることはありません。

特徴的なのは、他者のさまざまな意見（投稿）に対して、「賛成」「反対」のいずれかをクリックすると、ＡＩ（人工知能）がリアルタイムで作り出すオピニオン・マップの自分と志を同じくするグループ上に、自分のアイコンが位置づけられることです。これにより、現段階で自分の意見がどこに位置するかがひと目でわかると同時に、自分たちとほかのグループではどこに主要な相違点があり、どこにコンセンサスがあるかもわかります。

それがわかると人々は、もっと納得させられるような意見を投稿するようになります。

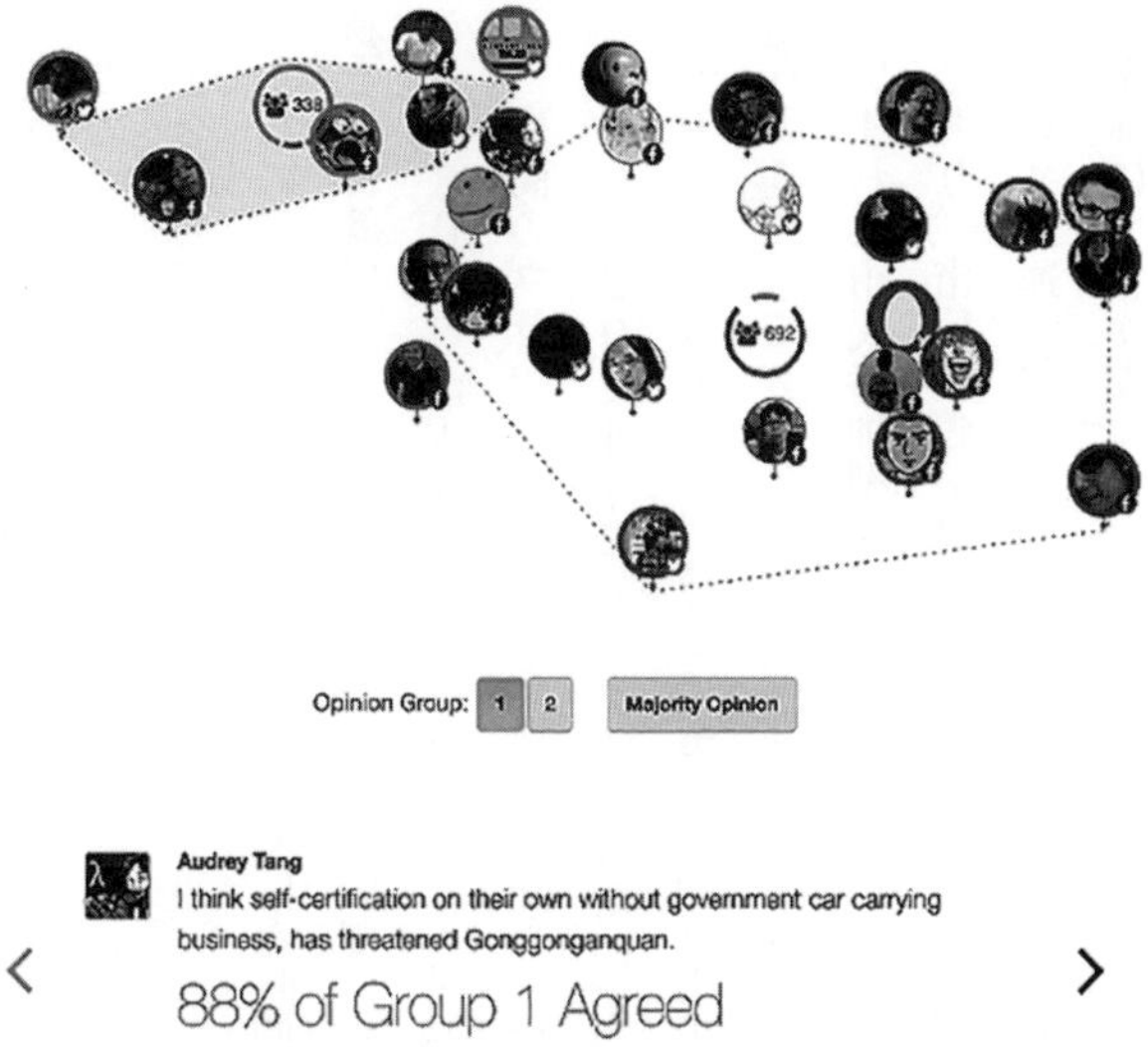

2015年、「ウーバー」の台湾進出時に「vTaiwan」のPol.isで議論された際のオピニオン・マップ。「私は、ウーバーが政府発行の許可がない、自己申告制であることが公共の安全を脅かしていると思う」という「反ウーバー」の意見に、88%の人が賛同していることがわかる。（コリン・メギル「pol.is blog」より）

それを数日繰り返すことで、賛成派と反対派のいずれもが受け入れ可能な合意点が見えてくるのです。そして、マップには少数派の意見もはっきりと出ているので、排除されることは決してありません。このマップこそがインセンティブになり、意見を投稿することが、立場の異なる他者への理解を促し、合意への道を作り出すのです。

市民運営のプラットフォーム「vTaiwan」

このツールが使われるようになったのは、私が前政府の蔡玉玲のもとでリバースメンターを務めていたころです。2014年に起きた「ひまわり学生運動」のあと、政府は市民からの信頼を取り戻そうと模索していた時期でもあります。蔡氏の本業は弁護士で、政務委員に就任する以前は、IBMで働いていました。彼女はシビックハッカー・コミュニティ「g0v」が主催するハッカソンに自ら参加し、「市民が議論に参加することができる、民間のプラットフォームを新たに立ち上げたい」と提案しました。

そうして2014年に立ち上げられたのが、「vTaiwan」という市民参加型のプラットフォームであり、そこでPolisのツールを先駆的に取り入れたのです。そのあとを追うようにして2015年の初期に創設されたのがJoinです。

いずれも市民参加型のプラットフォームですが、Joinは政府が運営するプロジェクトであり、市民の政策提案の場であるのに対し、vTaiwanは市民コミュニティであるg0vが運営するプロジェクトであり、どちらかと言えば、新興トピックに関して政策立案前に大まかなコンセンサスを形成することを目的とした場です。特に2014年の創設当時はいまとは異なり、例えばクラウドファンディングやテレワークといった先端の分野においては行政にも明白な所轄機関が存在せず、またステークホルダーが組合や協会ではなく、ネット上の個人というような、物議を呼ぶテーマが多かったのです。

そうした分野の法改正や規制を整備するうえでは、その前に市民との議論が不可欠であるという共通の認識が、当時の行政の中にあったのです。国家レベルの政策審議で初めてこのプラットフォームが使われたのは、ライドシェアサービスの「ウーバー」のケースでした。

当時、台湾に進出し始めたウーバーに対して、ステークホルダーである既存のタクシー会社への経済打撃や輸送の安全性などの面が不安視されていましたが、ドライバーを登録制にすることや保険への加入、税金を徴収することなどで合意に至り、議案が立法院（国会に相当）に送られ、法改正が行われました。そのほか、「ｖＴａｉｗａｎ」で取り扱った事例には、酒類のオンライン販売や「エアビーアンドビー」の国内参入などがあります。ｖＴａｉｗａｎは私がデジタル担当政務委員に就く以前は、行政府によって運営されていましたが、２０１６年以降、ｇ０ｖコミュニティのイニシアチブのもと、市民によって運営されています。

また、Ｊｏｉｎを創設するにあたり、「ｖＴａｉｗａｎ」から刺激を受けて「ＰＯネットワーク」を構築しました。ＰＯ（Participation Officer）は、各部会（省庁に相当）や関係機関から派遣されてくる約１００人からなるチームで、さらに私のオフィスのＰＤＩＳの約20人が加わって行政と市民の架け橋となり、結束力を持ってこの刺激的なプロセスを実行しています。

市民からの提案とは別に、ＰＯも独自の提案を会議に提出することが奨励され、その際には「少数意見」に目を向けることに重きが置かれています。私たちは基本的に毎週、特定のトピックについて会合を行っていますが、２週間ごとにＰＯが提案を行っています。

基本的にＰＯに求められる能力は、ＰＤＩＳと同様で、異なるアイデアをわかりやすく言い換え、さまざまな観点を共通の価値観にすばやくまとめ、相互のアカウンタビリティを可能にするために記録を残すことです。そして、何より重要な仕事は、市民の小さな意見にも耳を傾け、政策の立案まで支援することです。オープンガバメントを推進するにあたって、行政と市民の間の相互信頼は究極の目標と言えます。

「台湾は民主主義を実践する、すばらしい『ペトリ皿』として機能し、その進展が海外にまで広がっている」

Pol.isのCEOで共同設立者であるコリン・メギル氏は、台湾をこう評していますが、市民と政府が協働で統治する「協働ガバナンス」のモデルが、1つの成功例として世界に広まっていることを嬉しく思います。医療、農業、あるいは半導体というような特定の領域だけではなく、ソーシャルイノベーションの場所として、世界中の人が台湾を見てくれていることを、とてもありがたいことだと思っています。

＊1　サーキュラーエコノミー（循環型経済）……廃棄物を出さずに、資源や製品を使い続けて循環させる経済の仕組み。

＊2　**重なり合う合意**……異なる宗教・哲学・道徳を持つ市民の間で支持され、コンセンサスのとれている領域。

＊3　**オープンガバメント・パートナーシップ**……78か国、76の自治体、何千もの市民団体からなり、透明で参加型でインクルーシブで説明責任のあるガバナンスを目指す組織。2011年に構築された。

＊4　**ウォール街を占拠せよ**……ニューヨーク市のウォール街で発生した、アメリカの政府や経済界に対する一連の抗議行動。2011年9月17日に始まり、約2か月続いた。

第4章　投票方法のアップデート

シナジーを生む投票方式「クアドラティックボーティング」

台湾では2018年から、「総統杯」というハッカソン（与えられたテーマに対してサービスやアイデアを開発して競い合うイベント）を毎年開催しています。

前述したように、これは台湾各地が抱える課題の解決を目的としたもので、民間のチームが公共政策のアイデアを持ち寄ってプレゼンし、票を競い合う大会です。優秀な5チームに対して総統が直接トロフィーを渡して表彰しています。受賞すると1年以内に正式に国の政策として取り入れられることが約束されます。もちろん、実行するための予算がつき、政策に応じて必要な法改正なども行われます。

総統杯ハッカソンには毎年、数百ものアイデアが寄せられますが、最終選考に進む上位20組ほどのチームは、市民の投票で選ばれています。

この投票では、「クアドラティックボーティング（Quadratic Voting：2次の投票）」という新しい投票方式を採用しました。最大の特徴は、民主主義の大原則である1人1票というルールを根本から問う方法であることです。この投票方式について、具体的に説明しましょう。

2018年（第1回）の総統杯ハッカソンの参加者らとオードリー・タン氏。（PDIS提供）

2020年9月に行われた表彰式の様子。蔡英文総統より受賞チームに直接トロフィーが授与された。（PDIS提供）

総統杯ハッカソンのウェブサイト上に、SDGsをテーマとするプロジェクトの提案が200あるとします。投票者は、その中からふさわしいと考えるプロジェクトを選び、投票をするように促されます。人々は携帯電話やPCから投票します。

従来の投票と異なるのは、クアドラティックボーティングでは、投票者はそれぞれ99ポイントを有することです。そのポイントを使って、200あるプロジェクトの中から気に入ったものに自由に投票することができます。ただし、1候補に対して1票を投票したければ1ポイント、2票を投票したければ4ポイント、3票を投票したければ9ポイントを使わなければなりません。つまり、1票につき2乗のコストがかかるということです。

1候補に対して投票できるのは最大でも9票、つまり使えるのは81ポイントまでですが、まだ18ポイントが手元に残っている状態です。同じ候補に10票目を投票することはできません。

もし、有する総ポイントが100であれば、1候補に対して10票分の100ポイントを使い切ろうとする人もいるでしょう。例えば家族や友人がエントリーしていたとしたら、支えてあげたいと思うのはごく自然な感情です。しかし、そうなると、自分にとって最も

クアドラティックボーティングにおけるポイントと票の換算

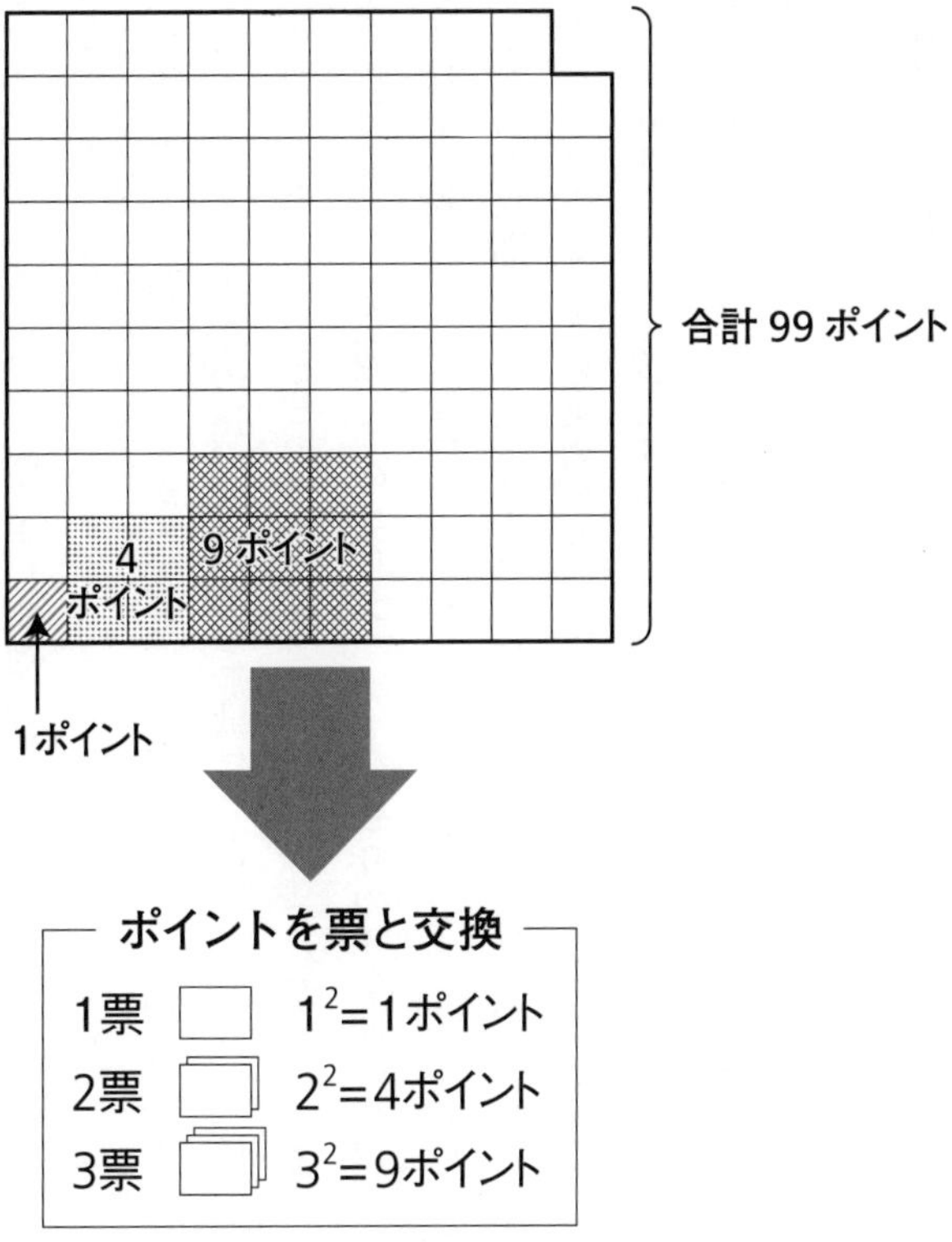

重要であると考えるプロジェクトに投票して終わりです。ほかのプロジェクトに目を向けようとはしないでしょう。

ここで重要なのは、総ポイントが99であることです。例えば、1候補に対して9票分を投じたとしても、残りの18ポイントを無駄にしたいと考える人はいないでしょう。そこで、残った18ポイントをどのように使うかを、それぞれが検討します。改めてウェブサイトを見渡して、「じゃあ、このプロジェクトに残りの4票分の16ポイントを使おう」などと考えながら使っていきます。さらに、余っている2ポイントをどのプロジェクトに使いたいかを自分に問いながら探すことによって、SDGsやそれに準ずる地域課題について、より学べるという相乗効果も期待できます。こうして、投票者の皆が慎重に熟考し、ありとあらゆる選択を検討するのです。

クアドラティックボーティングは、集計を紙上で行うのは難しいので、デジタルシステムが必要になります。

投票者の意思・志向が反映されるシステム設計

クアドラティックボーティングは、『ラディカル・マーケット　脱・私有財産の世紀』で提案された投票方式です。著者の1人であるグレン・ワイル氏にも、この投票方法の効果についてお話をうかがったことがありますが、私は民主主義をさらにアップグレードするすばらしい仕組みだと考えます。

彼の話によると、従来の投票方法では難しかった2点がカバーできるメリットがあります。要約すると、（1）特定のアイデアに対する各投票者からの支持度がよくわかる、（2）限界コストと限界利益が最適水準に近づくように設計されているので、戦略的投票を防げる、ということです。

（1）については、複数の候補者に投票できるため、特定の候補に対する各投票者からの支持度（選好の強さ）がよくわかるということです。従来の1人1票の投票では、クアドラティックボーティングと同じレベルで、特定の候補に対する各投票者からの支持度を示すことはできません。200のプロジェクトの候補のうち1つの候補にしか投票できないとなると、残りの199の候補の中で、投票者が2番目にどの候補を支持していたのかが不明瞭です。

さらに、1候補につき1票以上を投じることができるので、システムにフィードバックできる全体的な志向の強さの幅が増します。そうすると、集団全体の中での優先順位がより明確になり、効率よくプロジェクトを進めることができるのです。

（2）については、詳しくは『ラディカル・マーケット』をお読みいただきたいのですが、クアドラティックボーティングを行えば、集団全体における限界コスト（追加的に1単位増やすたびにコストがどれだけ発生するか）と限界利益（追加的に1単位増やすたびに利益がどれだけ発生するか）が最適水準になり得るということです。言い換えると、各投票者が、本当に支持したいと思っている候補者に対して支持度をそのまま意思表示することで、集団全体の利益が最も大きくなり得るということです。ですからクアドラティックボーティングは、機構設計の1つの例と言えます。

そしてこれにより、支持している候補者の当選確率が低いことが見込まれる場合に、当選確率が高そうな次善の候補者に投票するという「戦略的投票」をしないで済むことになります。

クアドラティックボーティングの機能が最も発揮できるのは、このような意思決定の段階であり、優先順位をつける適切な手法が必要なときです。意思や志向の微妙なニュアンスが結果に反映されるからです。総統杯ハッカソンでクアドラティックボーティングを使い始めて3年目なので、皆がこの方法にだんだん慣れてきたと言えるでしょう。

その後、結果を集計して、その年の上位20組ほどのチームを選出します。

決勝戦では、最終選考に残った約20チームから、総統の監督のもと、審査委員会の選考によって5チームが選ばれます。その際、起業家や社会起業家、大学研究者、NGO、公務員といったさまざまな分野の人々がバランスよく選ばれるようにしています。特定のセクターだけが恩恵を受け、ほかのセクターにはマイナスになるような、バランスがとれないアイデアであれば、ソーシャルイノベーションとは言えません。

クアドラティックボーティング方式の向き不向き

ここまでクアドラティックボーティングの長所を述べてきましたが、この手法が有効に機能するのは選択肢が多岐にわたるときです。特に選択肢が2つしかないゼロサム（一方が勝ち、一方が負ける）のケースではまったく有効ではありません。

私たちが総統杯ハッカソンでクアドラティックボーティングを使うのは、ＳＤＧｓだけでも非常に多くの選択肢があり、それによる相乗効果が見込まれるからです。こうしたプロジェクト以外に、法案、政策、予算などの優先順位を考える際にも、この方法は有効です。

しかし、その選択肢が大統領選や市長選のように人間である場合は、クアドラティックボーティング方式はうまく機能しません。まず、市長や大統領を選ぶ場合、最終的に誰かを選ぶわけですから、ゼロサムの特性があり、そうすると選挙結果を疑問の余地があるものにしてしまいます。そして、人ということで考えると、どのぐらいの相乗効果があるかを測りにくいという点があります。

そもそも、クアドラティックボーティングで人を選ぶ状況には、投票者間での「票取引」の問題が内在していると思います。つまり、結託して票を交換することができてしまうのです。このような攻撃に対抗する有効な方法があるかは、現在、研究がなされていますが、具体的にどのようにすればこの短所を克服できるかはまだ解明できていません。

一方で、ＳＤＧｓのプロジェクトや法案など、優先順位を決めるときに結託が起こるのはいいことです。2つのプロジェクトの間に相乗効果が生まれると、それはお互いにプラスになります。これは「非ゼロサム」、つまり複数のものや人が影響し合う状況の中で、ある1つのもの（人）の利益が、必ずしもほかの何か（誰か）の損失にならないことを意味します。もし2つのプロジェクトが総統ハッカソンで勝てば、評価は総和であり、それぞれの単独の勝利よりも優れていることになります。

ちなみに、私がクアドラティックボーティングを知ることになった契機は、クアドラティックファンディングへの関心からでした。クアドラティックファンディングとは、多くの資産や権利を有する人が、無条件に有利に市場を独占できないようにするためのメカニズムを取り入れた資金調達モデルです。寄付プロジェクトなどで集めた資金を、どのプロジェクトに投入すべきかを意思決定する際に、権限の一極集中を避けて、参加した人々が享受できる報酬をより公正に分配できるようにする仕組みですが、私はそれについて関心を持っていたので関連資料や本などを読みあさっていたのです。

また、私は暗号通貨イーサリアムの開発者、ヴィタリック・ブテリンの仕事や著作を追っていましたが、彼がクアドラティックファンディングについて書いていたので、その論説をいくつか読みました。そして２０１６年末ごろにヴィタリックに会い、２０１８年11月にグレン・ワイル氏との対談が実現しました。そのときにワイル氏とは、クアドラティックボーティングをどのように適用して可視化するかについて話し合ったのです。それが台湾での新しい投票方法に生かされています。

政治風土を変えることなく政治参加機会を増やす

ここまでお話ししてきたように、私が取り組んでいるクアドラティックボーティングのような投票システムは、プロジェクトや優先事項、アジェンダ（議題）などの「事」に対するもので、「人」に対するものではありません。というのも、私のデザイン（設計）は民主主義との関係を深めることにあるからです。民主主義を破壊したり、何か別のシステムに置き換えたりしようとは考えていません。選挙で政治家を選ぶ方法をいったん変えてしまえば、政治風土全体が変わってしまいます。

しかし、総統選と次の総統選の間、あるいは国民投票（住民投票）と次の国民投票の間に、さまざまなテーマについて、クアドラティックボーティングを使って投票できる回数を増やすことに集中すれば、市民は日々、継続的に民主主義を実行できますし、民主主義がどのように機能するかについて想像力を高めることができます。

繰り返しますが、これは単に、選挙に対して、投票方法をAからBに転換するという仕組みの転換を示すものでもなく、政党や政治家を選ぶ選挙のあり方を否定するものでもありません。民主主義を、参加型の社会的なテクノロジー（技術）として考え直し、改善していくということなのです。

デジタルで選挙のインテグリティを高める

総統選のような、政治家を選ぶ選挙に関して、「台湾ではインターネット（電子）投票を導入しないのですか？」とよく尋ねられます。これについてはさまざまな議論がありますね。私もかなり考えました。しかし実際のところ、「1人1票」の選挙で国民に信用されている現行の紙ベース（投票用紙）の投票システムそのものを、いますぐデジタルツールを使った別のものへと置き換えることはできないと考えます。

私にとって意味があるのは、デジタル技術を使ってインテグリティ（正確さ・正直さ）

や、レジティマシー（社会的正当性）を高めることです。原則として、それは各地域の投票所がアプリで集計を行い、立会人が経過を観察し、政党のメンバーが監視して開票プロセスを記録し、ライブストリーミングすることを意味します。

そして実際に、台湾の現行の制度ではすでにそうした仕組みが確立されており、市民の信用を得ていると思います。誰でも投票所に行って開票作業を見ることができますし、ユーチューバーが撮影しに来ることもあります。こうしたことも、透明性の担保につながっているでしょう。

もし、投票方法をインターネットベースのシステムに切り替えたとしたら、作業効率は上がるかもしれませんが、現在の透明性のある市民参加型の仕組みと同じレベルのインテグリティ、レジティマシーを得るのは非常に難しいでしょう。市民が皆、暗号技術に精通しているわけではないからです。

大切なのは、市民がそのシステムを信用し、より安全だと感じられるかどうかです。ですから、私たちはデジタル技術を使って、現行の投票システムそのものを変えるのではなく、市民からのアジェンダの収集や、市民による行政の執行の監査、行政の説明責任といった目的に対してデジタル技術を最大限に活用しているのです。

投票率を上げるのは3つのF

台湾では若者の政治への関心が高いこともあり、前回（2020年1月）の総統選の投票率は、74・9%でした。日本では国政選挙の投票率が低下し、50%を切ることもあるそうですが、市民が投票できる回数自体をもっと増やすことが重要なのだと思います。たとえ1つひとつのスケールが小さくても、頻繁に投票できる機会があれば、実際に政策が変わる様子を市民は目の当たりにします。

スイスは、直接民主主義を実践している国として世界的に知られています。国民はほぼ毎週のように投票所に行きます。台湾でも、クアドラティックボーティングや、あるいはvTaiwan、Joinといった電子請願を「投票」とみなすならば、まだ投票権を持たない若者であっても直接、政治に参加できるプラットフォームが存在します。人々が特定のテーマに関して週に5分、わずかな時間を費やすだけでも、政策の変化を確認することができます。それは4年に1度の選挙を待つのとは明らかに対照的です。

肝心なのは、市民から政府にアイデアや感情が伝わる速度や、政府から市民へのフィードバックの速度といった、双方向コミュニケーションにおいて一定時間に処理できる情報量を増やすことです。それによって、市民は継続的に政治に関わることができます。

民主主義の維持と投票率の因果関係については厳密に研究をしたことがありませんが、私の感覚では、やはり人々が日々の継続的な民主主義を通して、公共のイシュー（課題・論争点）について気にかけていると、「誰が選挙で勝つか」についても気にするようになり、投票に行くのだと思います。台湾が実行している参加型民主主義の長所は、民主主義をより自分と直接関係があるものにすることでしょう。少なくとも余暇があれば、市民全体に関わる公共のイシューについて考えるようになります。

重要なのは、いかに公共のイシューに注目を集められるかです。人々はそれが価値のあるものだと納得できれば、考えたり貢献したりするために時間を費やそうとします。

それはウィキペディアに似ています。記事の表記に間違いを見つけて、その箇所を修正すれば、すぐに人々のプラスになります。そうして皆がもっと貢献しようと思います。それに対して、ブリタニカ国際大百科事典のように、間違いを見つけて直そうとしても数か月間、数年間のプロセスを経ないといけないとわかれば、人はもっと貢献しがいのあるプロジェクトを見つけようとするでしょう。

速度に関して言うと、私は日常的に「2分ルール」を活用しています。これはアメリカのコンサルタント、デビッド・アレンが提唱する、モチベーションを下げずに生産性を向上させるタスク管理術で、人は2分間なら何かのために費やせるというものです。誰でも2分間の親切心を持っている。その2分間で、気候科学やディスインフォメーション（偽情報）のファクトチェックのような、共通の課題の解決に向けて貢献することもできます。懇親会の招待状に署名するのと同じくらいに容易なことですよね。

言い換えれば、イシューへの注目を集め、社会に広めるには、やはり「3つのF」が必要です。これはすなわち「Ｆａｓｔ（速さ）」「Ｆａｉｒ（公平さ）」「Ｆｕｎ（楽しさ）」です。公平でスピード感のある、お祭りのような楽しいものにするのです。カラフルな風船のように、政治に楽しさを持ってくるのです。それが大いに役立つと思います。人は本来、社会に貢献することを好むものなのだと思います。共通の課題の解決のために、皆が貢献できる場があることを呼びかけなければならないということです。

第5章　さまざまな問題をどう乗り越えるか

「噂よりもユーモア」でインフォデミックに対抗

2020年1月に、武漢で新型コロナウイルスの感染者が報告されて間もなく、台湾で「中央感染症指揮センター（CECC）」が創設されようとしているとき、私に与えられていた主な役割はパンデミックへの対策ではなく、インフォデミックへの対抗策が中心でした。

インフォデミックは「インフォメーション」と、感染症流行の「エピデミック」を掛け合わせた言葉で、インターネットやソーシャルメディア上に、噂やフェイクニュース、ディスインフォメーション（偽情報）など誤った大量の情報が氾濫《はんらん》し、現実社会に影響を及ぼす現象のことです。特に台湾では、1月11日に総統選挙を控えていたため、投票日までプロパガンダや情報操作に端を発する多くのディスインフォメーションに対応する必要がありました。2月に入ると、世界的なパンデミックによって新型コロナウイルスに関する陰謀説も多く飛び交うようになりました。

デジタル技術を活用するためには、こうしたディスインフォメーションやフェイクニュースと戦うことが必須です。しかし、パンデミックとインフォデミックという、二重のデミックに社会が直面しているときでも、デジタルコンピテンシー（能力・技術）、メディアコンピテンシーのある人たちが正確な科学情報を持てば、二重のデミックに反撃できるのです。

台湾政府の中には、インフォデミックに取り組む部署があります。私たちはこのプロジェクトを語呂合わせを用いて「ユーモア・オーバー・ルーマー（Humor over Rumor：噂よりもユーモアを）」と呼んでいます。どれがディスインフォメーションであるかを明確にするために、噂をユーモアでつぶそうという作戦です。

このプロジェクトには、異なる専門性を持つ部会が横断的に参加し、それぞれ対応にあたっているチームがあります。デマがインターネットやSNS上でトレンドに入っていると確認されたとき、該当するチームは正しい情報を発信しなければいけません。「2時間以内に、画像つき、200文字以内」で、その噂よりも面白いものを発信しなくてはいけないというルールです。噂が広まる前に、ユーモアを交えて真実を広めることがねらいです。

拡散される情報が必ずしも有害だとは限りませんが、もしそうであれば早めの対応が肝

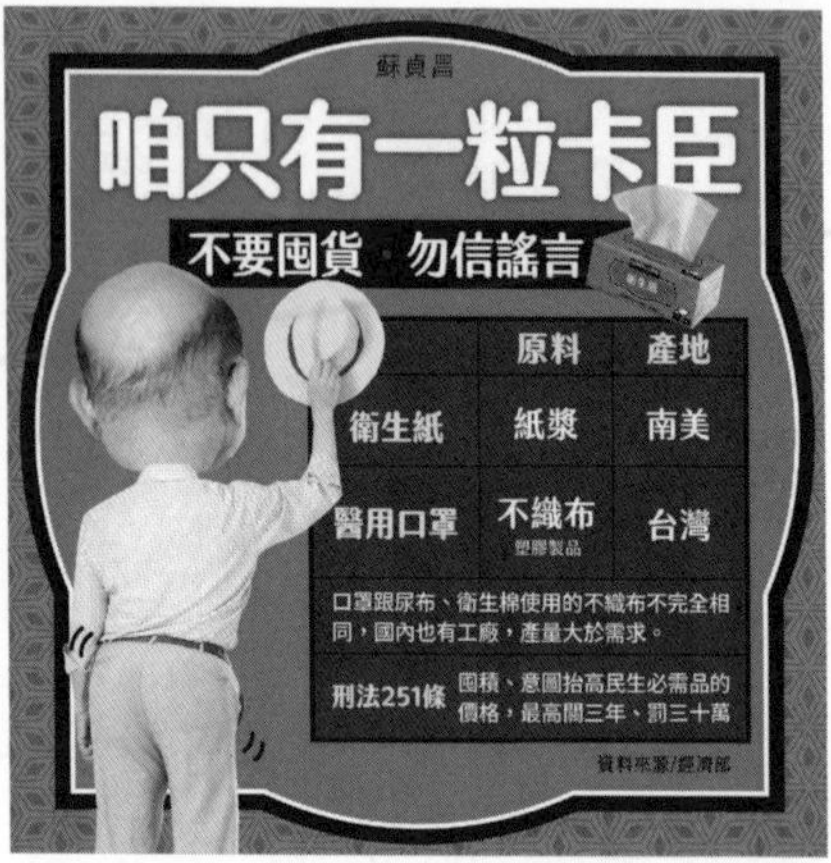

「トイレットペーパーが不足する」というデマが流れた際、買い占めに走る人々を抑えるために、蘇貞昌行政院長がお尻を振るイラストとともに「私たちにお尻は1つしかない」というメッセージを出した。（PDIS提供）

心です。人々は、こうした情報を長期記憶に結びつけてしまいやすいからです。

正しい情報を流すときに、ユーモアのある画像があれば、人々はメッセージにも注目します。それがより面白くて有益だと感じれば、それを多くの人に拡散したいと思うものです。そしてもう誤った情報や陰謀説を拡散しようとはしないでしょう。

まさに噂よりもユーモアのほうが効果を発揮するのです。これによって、ディスインフォメーション[*1]に対する「予防接種」をしたことになります。つまりウイルスに対抗するミームを作るということです。これで目的達成です。

市民参加型ファクトチェックシステム

また、ＬＩＮＥのグループでやりとりをしている際、そこにデマやディスインフォメーションのテキストや画像が含まれていた場合、かわいい犬のキャラクターがユーモラスに教えてくれるチャットボットのアプリもあります。

これは「ドクターメッセージ」という、いわばパソコンのウイルス対策ソフトのようなもので、ＡＩを使い、受信メッセージ内の広告や動画や画像、テキストをスキャンして検知する仕組みです。ＡＩがディスインフォメーションなのかどうかを比較し、判断するための材料となる情報源は、衛生福利部疾病管制署や第三者のファクトチェッカーによって構築された大量のデータベースにあります。ですから、この情報源が信憑《しんぴょう》性の高いものであることが重要です。

このシステムは、台湾の抗コンピュータウイルス（セキュリティ）企業であるトレンドマイクロ社の社員が開発し、ＬＩＮＥ台湾との連携によって実装されたサービスです。また、ファクトチェックプラットフォーム「Ｃｏｆａｃｔｓ」も、ＬＩＮＥ台湾と連携してチャットボットを構築しています。このチャットボットでは、ユーザーから送信された情報に対して、市民ボランティアがファクトチェックを行い、真偽を答えています。このようにインフォデミックの対策についても、政府と民間の間で多くのパートナーシップがあるのです。

台湾では、人口の9割の2100万人ほどがLINEを利用しています。LINEの特徴は、ツイッターのようなオープンなSNSとは異なり、クローズドで暗号化されているところです。ツイッターであれば多くの人の目に触れるので、少なくとも誰かが通報することも可能ですが、LINEだと送られてきた情報がデマであっても、受信者がデマだとわからなければ、簡単に知り合いに拡散できてしまう問題があります。

そこで、ユーザーである市民自らが、利用時に疑わしい投稿や文書を見たら、それを「LINEファクトチェッカー」という公式のアカウントに送信し、その情報の真偽が確かめられる仕組みもあります。

これはLINE台湾が、CSR活動の一環として築いたダッシュボードです。Cofactsをはじめ、複数の第三者のファクトチェック機関が検証した結果の真偽を確認でき

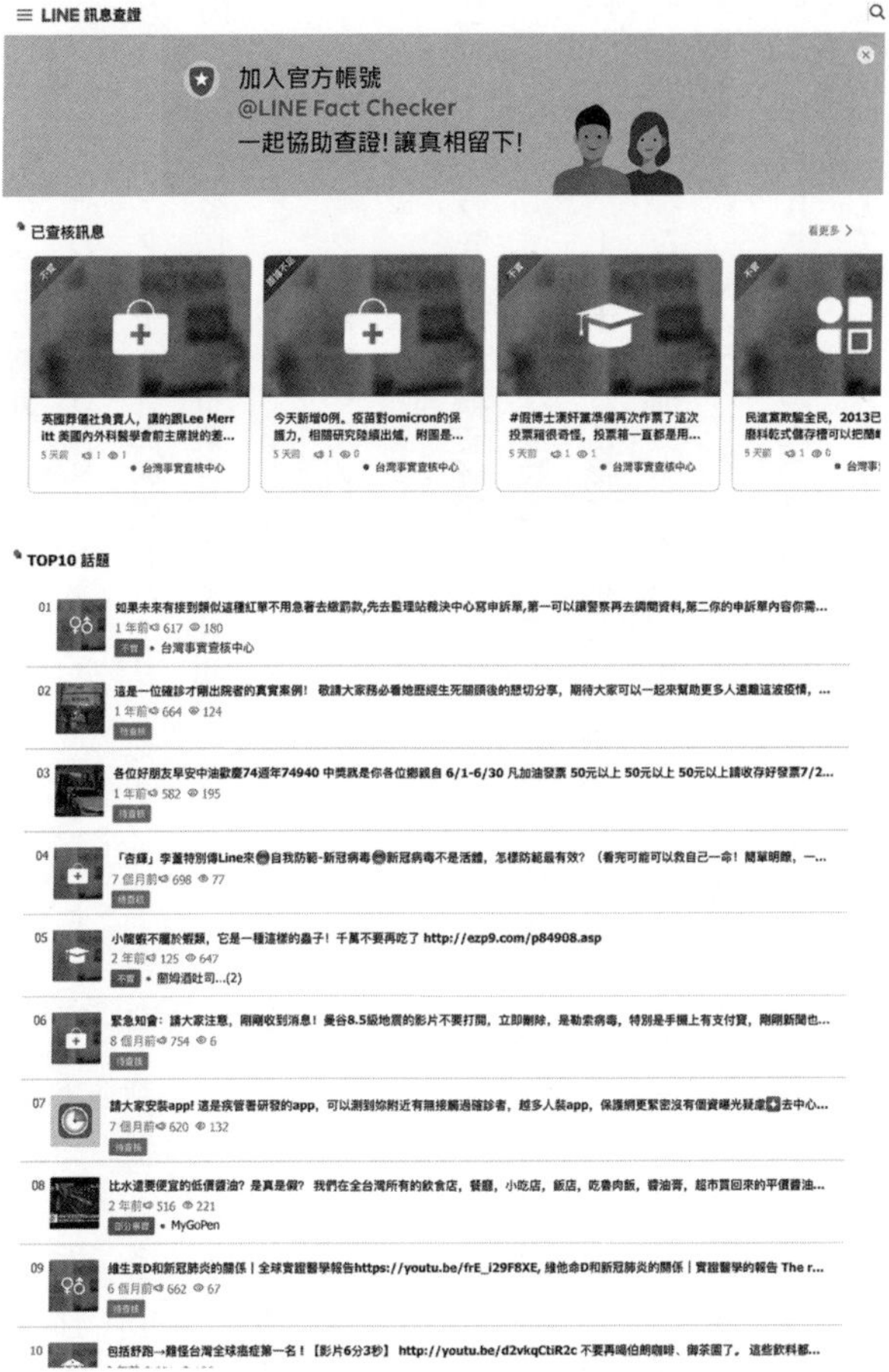

ユーザー自身が疑わしいと思った投稿や文書を送信できる「LINEファクトチェッカー（LINE訊息查證）」。このサイトでは最新のトピックとともに、LINEで話題にされることの多かった噂やディスインフォメーションなどの情報の真偽がランキング形式で表示されている。（「LINEファクトチェッカー」ウェブサイトより）

るほか、どのような噂がトレンド入りしているのかがランキング形式で掲示されていて、LINEやそのほかのSNSでもシェアすることができます。2020年11月までに計24万人からファクトチェックの通報があり、約4万件がデマだと判断されました。言論の自由と機密性を保ちながら共有できる仕組みです。

そして、このデータベースは、前述のチャットボット「ドクターメッセージ」にもフィードバックされているのです。

ファクトチェックを支える「調査報道」

このように、台湾には複数のファクトチェック団体があり、放送メディアをはじめ、分野横断的なパートナーと密接に連携し、協働で仕事をしています。それらの検証結果はすべて公開することが原則です。また、IFCN（International Fact-Checking Network：国際ファクトチェックネットワーク）[*2]に加盟している「台湾ファクトチェックセンター」と「MyGoPen」という国内の2つの公認のファクトチェック団体が、フェイスブックの第三者機関として検証結果を表示しています。

「ユーモア・オーバー・ルーマー」を機能させるには、ジャーナリストとの協力関係やコラボレーションが欠かせません。新型コロナウイルスの流行初期から衛生福利部長が毎日行っていた記者会見はテレビで生中継され、ライブストリーミングでも公開されていましたが、報道陣からの質問が1つも出なくなるまで続けられました。そこでの取材は何の制約もなく、どんなことでも質問することができます。そこで得られた情報の1つひとつがチャットボットなどに正しく反映されるのは、記者らが継続的に、さまざまな情報源への取材・調査を積み重ねることにより、政策全体に対する情報の文脈を正確に理解しているからです。

メディアが情報を扱う際、物事の一面だけを切り取るのではなく、そこに至るさまざまな側面をふまえ、正しい「文脈」を提供することは、社会全体にとって非常に重要なことです。報道の現場では、情報の事実確認がどのように機能するのか、情報源の保護がどのように機能するのか、情報をニュースとして報じる際にメディア・フレーム（認識枠組み）がどのように機能するのか。そしてニュース記事の文脈が複数の情報源への確認によって成立することを市民が理解できれば、人々はジャーナリスティックな視点から世界を見るように刺激され、何かを発信しようとしたときには同じように正しい文脈を提供できるようになるからです。

これは何も新しい方法ではなく、「調査報道」と呼ばれる、最も古くて重要なジャーナリズムの技術です。インフォデミックに立ち向かうには、そうした調査報道の手法を社会が共有し、調査報道にもとづくコミュニティを築くことが重要だと考えます。

また、やや話がずれるかもしれませんが、何か調べ物があってグーグル検索などで情報にあたるときにも、その情報の出所となる情報源の出典がある場合とない場合がありますが、出典がないものは、偏った情報であるかもしれないと認識したほうがいいでしょう。

私のアドバイスは、デフォルトで文脈が組み込まれているようなメディアを熟知することです。そういう意味では、ウィキペディアは文脈化された情報と言えます。情報元の出典や引用文、編集歴、再編集歴なども示されているので簡単にたどることができるからです。実際のところ、最もアクセスしやすいメディアだと思います。

集団的知性を発揮させるエコシステム

放送メディアについて言うと、基本的に大切なのは恒常的に報道局が民主化されていることであり、そのためには放送機関自体が第三者のファクトチェッカーやデジタルコンピテンシー、メディアコンピテンシーの能力を持った専門家などの協力を得ることだと思います。その点、台湾の多くの放送機関は、主体的にファクトチェックのネットワークに参加しています。

時にはこうした主流メディア自身が誤った報道をすることがありますが、その場合にも、コミュニティの協力を得ながら、情報の文脈を正しく回復することに努めることができるでしょう。

ソーシャルメディアのプラットフォーマーについても、求められる社会的責任の1つは、やはり、ジャーナリストや第三者のファクトチェッカーと協力をすることだと思います。少なくとも台湾では、そのような方法によってディスインフォメーションなどの拡散が抑制されています。

ファクトチェッカーによる確認作業というのは、単に検知したスパムをゴミ箱フォルダに入れるようなことではなく、迷惑フォルダに移し、それがスパムであることを社会に知らせるのと似ています。つまり、人々の手を介してスパムであることを報告するわけですが、膨大な情報1つひとつに対抗するには限界があります。

そこでまず、ディスインフォメーションかどうかの可能性を検知するために、私たちが注目するのは「R値」（基本再生産数）です。疫学用語なので、新型コロナウイルス関連のニュースで耳にした方も多いと思います。これは、1人の感染者が、免疫を有していない集団に加わった際、平均して何人に感染をひろげる可能性があるかを数値で示したものです。

ある情報に対してのR値が高くなっているということは、その情報が爆発的なひろがりを見せつつある状態にあることを意味します。そこで、「Cofacts」が開発したダッシュボードを見ると、ディスインフォメーションがどのように拡大しているかがわかるので、それらを参考にしています。

例えば、「あなたが入店時、『1922』のQRコードを読み取るたびに、オードリー・タンにはいくらかのお金が入るようになっている」という情報が出回り始めたときに、このダッシュボードを確認すると、閲覧回数などが時系列でグラフに表されているので、拡

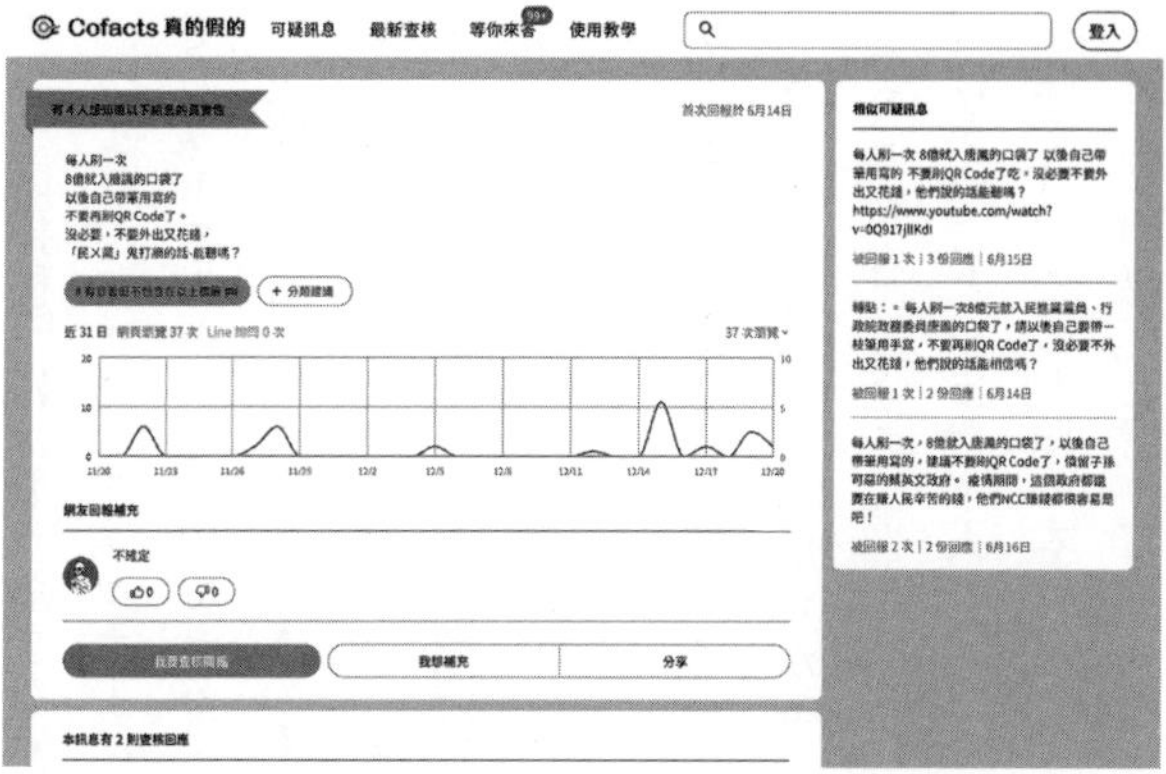

「Cofacts（真的假的）」のダッシュボードでは、特定の情報が1か月間でどれくらい閲覧されたのかが、可視化されている。（「Cofacts」ウェブサイトより）

大傾向が視覚的にも非常にはっきりとわかります。これによって、私たちはリアルタイムで事実確認ができ、対抗策をとることができます。もちろん、この事例はディスインフォメーションですが、事実ではない情報に対しては、感染が拡大する前に「予防接種」に取り組まなければなりません。

とはいえ、人口全体から考えると、その情報に対して寄せられる注目度には限界があります。かつ、ある瞬間に、爆発的な感染拡大を起こす可能性のある陰謀説の類いは、せいぜい3つか4つです。ウイルス干渉[*3]のように、情報であっても競争原理が働くからです。これは、感染拡大の可能性のないミームの「予防接種」には取り組まなくてもいいということを意味します。

つまり、ファクトチェッカーは、実際に拡大しているディスインフォメーションに対してのみエネルギーを集中できるようなエコシステムが築かれているということです。

実際のところ、こうした人の手による集団的知性というのは、対抗策として有効だと思います。というのも、単にスパムだからといってやみくもに削除すると、マシンラーニング(機械学習)によって自動的に削除されるシステムが働き、逆に情報操作をしているのではないかという陰謀論に油を注ぐことにつながりかねないからです。

SNS依存にならないプロソーシャルな付き合い方

SNSは日本でも利用者が多いと思いますが、いま問題視されているのは、いわゆる「SNS依存」です。問題なのは、依存症の人は、自分がすでにそうなっていることに気づけないこと、また本人も気づかないうちに行動を変容させてしまうことです。そういう意味では、この問題の本質は、アルコール依存などとあまり変わりありません。決してアルコールが悪いと言っているのではありません。適量であれば、人と人との社会的なつながりを築くのにも役立ちます。ただし、一定のレベルを超えると、完全にアンチソーシャル（反社会的）になります。

SNS依存もまったく同じことが言えますが、しかしアルコール依存などと同じように対策に取り組むことができます。まずは外部要因を特定し、その外部要因に対して、自分自身が予防策を講じることです。それからSNSの運営事業者側が、社会的責任とミッションにもとづき、より安全な方法でより貢献できるような優れた代替方法を作り出すことも必要だと考えます。

デジタル空間の依存を引き起こす外部要因として、1つはスマホの「タッチスクリーン」があると考えます。これは、いわば〝最新の常習性薬物〟です。そのため、私はフィーチャーフォンを使っています。簡単に指でスクロールできる操作性が、SNS依存をもたらしやすい要因の1つだと考えるからです。

私自身のSNSの利用についてですが、フェイスブックはあまり使っていません。以前は、ブログを書くために「ノート」機能を使っていましたが、フェイスブックはその機能を削除してしまいました。ツイッターについては、私の目的は国際社会、とりわけ日本の皆さんとの交流で使っています。日本では、台湾よりもツイッターを使っている人口がはるかに多いからです。

ここで重要なことはフェイスブックもツイッターも、自覚的に意図を持って使うのは問題がないということです。例えば、フェイスブックをイベントのライブ配信を見たり、主催者と関わったりするために使う場合は、何の問題もないと思います。

しかし、ニュースフィード（新着情報や更新情報を一覧で表示できる機能）は、つい無意識にスクロールしてしまうという人が多いようです。私自身は、「News Feed Eradicator for Facebook」というプラグインソフトを使って削除しています。これはフェイクニュースや余計な情報を排除してくれるマスクのようなもので、ネガティブな外部からの影響から身を守るためです。強制的に流れてくる情報を眺める行為は、私にとっては時間の純損失です。この機能は共生的とは言いがたく、かつ依存性を伴う要素があるように思います。

こういうふうに言うと、私がまるで従来のSNSにかなり反対しているように聞こえますが、決してそうではありません。繰り返しになりますが、SNSは、空間をアンチソーシャル（反社会的）なものではなく、プロソーシャル（社会に利益をもたらす）なものになるように設計できるのです。そのためにも、SNSの運営事業者は、プラットフォームがアンチソーシャルではなく社会的に意義があるものだと示さなければなりません。

例えば、ツイッターは過度に有害な会話が起きないように、多くのファクトチェッキング・サービスを開始しました。また、シャドウバン（shadow ban）という機能も導入したようです。シャドウバンは一時的に一部の機能が制限されることです。これは車に速度制限をつけるようなもので、それ以上はいくらアクセルを踏んでも出ません。アンチソーシャルにならないようにすることが目的です。

プライバシー保護の規範モデルを提供したアップル

GAFA（グーグル、アマゾン、フェイスブック〔現メタ〕、アップル）については、広告主などへの顧客情報の流出への懸念という観点から、よく意見を求められます。私はデジタル担当大臣になる前に、6年間、アップルでAI技術を使ったSiriの技術開発に関わっていました。贔屓《ひいき》をするというわけでは決してなく、一緒に仕事をした人間として言うと、アップルは個人情報を直接、広告会社などの第三者に提供していないと思います。というのも、アップルは、「iCloudプライベートリレー」という最新の機能の提供を始めたからです。これは、Safariというブラウザを使ってウェブを閲覧した際に、IPアドレスを隠すことによって、閲覧者が誰でどのサイトを訪れたのかといった個人情報や行動履歴について、アップル社の人間を含めて誰もわからないように保護する機能です。

またサブスクリプションに登録すると、自分のメールアドレスではなくランダムで自動生成されたメールアドレスが使える追加機能もあります。この事例によって証明されたように、GAFAの中にも、プライバシー保護の問題に積極的に取り組んでいるところもあるのです。実際、こうした行動というのは社会の規範となり、人々の期待や要求を変えていくと思います。人々は、ほかのプロバイダーに対して、「なぜあなたのところでは、アップルが無料かサブスクリプションで提供できていることを提供できないのですか」と尋ねるようになるでしょう。

個人情報や行動履歴の流出による第三者の悪用については、負の外部性とも言えますが、プライバシー保護を強化するべくユーザー側が少しお金を出すことが、実際のところ道理にかなっていることを人々に示しました。そして、こうした議論というのは、調査報道の仕事と同じように継続的にされるべきであり、それによって新たなスタンダードや認識を広める大きな役割を果たすのだと思います。

安心して議論し合える公共インフラとは

ナイトクラブでは、アルコール飲料を提供して利益を得ます。もちろんナイトライフを楽しいものにする場ではありますが、依存性がある飲み物であっても提供するのは、アルコールで利益を得るという動機があるからです。まったく同じことが、SNSのよりアンチソーシャルな面である、広告収入に支えられたビジネスモデルにも言えます。

SNS運営事業者に対する私の提案は、広告収入の代わりになる収入モデルをまず見つけることです。SNS運営事業者はそのプラットフォームを使って、広告主にだけではなく、社会に有益な価値をもたらす方法を見つけ出さなければなりません。

優れたメディアであれば、バランスが重要であることを理解しています。収入の一部は広告主から、サブスクライバーから、ユーザーからも得るといった、健全なバランスをとることです。特定のサイドに依存しすぎると、そこにとらわれて逆に足をすくわれてしまいます。出版社であれば、広告主に振り回されて読者のことがほとんど目に入らなくなることを意味します。読者に対してより有益な価値を届けられるような体制に移行して、バランスのとれた収入を得るようにしなければならないと思います。

他方で、SNS依存の問題は、規制や法律だけで解決できるわけでもなく、社会の問題でもあるのだと思います。

アルコールで言えば、台湾では一部の地域ではいまでもそうですが、以前は酒宴で、グラスに入ったアルコール度数の高い白酒を一気に飲み干して、相手に敬意を示す「ガンベイ（干杯）」という文化がありました。そうして酩酊《めいてい》するのが社会の常態でした。

しかし、いまはお酒の飲み方も嗜好《しこう》も変わりつつあり、ワインのような上品なテイストを好む人も多く見られます。単なる一気飲みよりも、ワインのテイストを楽しむことに時間を費やしたほうが価値があると思う人が増えたのです。しかし、こういう社会の常態が時代に適応していくのには時間がかかります。

もちろん、法による規制にも一定の抑止効果はあります。例えば、アルコールを飲んだら車の運転をしてはいけません。そうした行為をさせないために、飲酒運転は違反であるという法律を導入しなければなりません。台湾の法律では、飲酒運転による免許取り消し処分を受けた人は、飲酒運転防止教育やアルコール依存治療を受ける必要があります。免許の再取得後も一定期間は、アルコールインターロック装置（車両エンジン自動ロック装置）のある車しか運転ができません。

こうした規則や法律については政府が整備できる部分ですが、飲酒運転は悪いということを社会全体が認識し、常態化していくことがもっと重要です。

それがそのままデジタル空間にもあてはまります。SNSについても、よりよい社会の常態を作る方法を新たに考え出さなければなりません。公のデジタル空間で誰もがアクセスできる方法です。

文明批評家でメディア論者としても知られるマーシャル・マクルーハンはかつて、「メディアを嫌うな、メディアになれ」と言いました。私は「ソーシャルメディアを嫌うな、ソーシャルメディアになれ」と言いたいです。

そういう意味では、台湾ではずいぶん前から、SNSを反社会的だとして避けるのではなく、自分たちの手によって多くのプロソーシャルな独自メディアを構築してきました。その1つである「PTT（PTT Bulletin Board System 正式名称：批踢踢實業坊）」は、台湾で最大規模のオンラインコミュニティを形成している掲示板です。社会セクターの共有のプラットフォームとして、1995年から続くオープンソースシステムですが、株主や広告主からお金を一切もらわず、国立台湾大学の助成金で成り立っているのです。

同じ人たちが同じイシューをテーマに議論するにしても、それがタウンホールや国立公園、大学のキャンパスのような公共スペースと、大音量の音楽が鳴り響くナイトクラブのような場所とでは、導き出される結論も異なるものになるかもしれません。ナイトクラブでは話を聴いてもらうために怒鳴らないといけないですよね。つまりこれは、そこにいる人の特徴ではなく、そのスペースの特徴だということです。そして、こうしたことは物理的空間に限らず、デジタル空間にも言え、役割に応じたさまざまな交流形態があるのです。

それで私たちは、市民が安心して公共の問題について議論し合えるような、公共の広場をオンライン上に構築したのです。そうしたオフィシャルの議論の場を提供することで、誰でも議論に参加できるようになります。1人ひとりがソーシャルメディアに参加し、ともに作り上げていくのです。

市民が安心して議論できるようなデジタル公共インフラを構築するには、物理的な公共スペースである国立公園と同じように、納税者が資金を供給しなければなりません。国立大学がPTTに資金を提供するのと同じです。そのような資金調達を確保できれば、私たちは、ソーシャルメディアをまったく持たないのか、あるいは民間セクターのソーシャルメディアに依存しなければならないのか、という間違ったジレンマを回避することができます。

デジタルコンピテンシーを向上させる新教育プログラム

さて、台湾で重視していることの1つは教育です。なぜなら市民に「メディアコンピテンシー」や「デジタルコンピテンシー」といった概念が浸透していなければ、ネット上のさまざまなデマに惑わされたり、SNS上での社会を分断する作用に負けてしまったりするかもしれないからです。

台湾で特徴的なのは、「リテラシー」と「コンピテンシー」という言葉を明確に分けていることです。前者は、メディアや資料を読解する能力を意味し、「視聴者」「読者」のように情報の受け手であることを前提としているのに対し、後者は、能動的・自発的に何かを作り出す能力を意味し、誰もがメディアやジャーナリズムの作り手であるという考え方にもとづいています。

２０１９年に始まったＫ－12（幼稚園から高校3年生まで）の新学習指導要領（１０８課綱）によるカリキュラムでも、「メディアコンピテンシー」という言葉を使っています。誰もがメディアやジャーナリズムの作り手であるという考え方を身につけることにより、前述のように、ジャーナリストは情報をどのように集めて、どのようにファクトチェックをするのか、情報源をどのように守るのかが理解でき、文脈を正しく読み取り発信する力を学ぶことができます。

そして、一緒に何かを自発的に作る「共創」という考え方や、その動機づけこそが、新学習指導要領の根幹となります。一緒に何かを作るためには、異なる文化、異なる視点、異なる分野などに耳を傾けなければなりません。そうした自分とは異なる人とのコミュニケーションが、相互作用をもたらし、共通の利益となります。こうした自発的な動機に端を発する学びを通して、「生涯学習者」へと育てることを目的としています。

デジタルコンピテンシー全般で言えば、小中学校では、プログラミング教育を取り入れています。単にプログラミング言語を学ぶだけではありません。例えば「ラズベリーパイ(Raspberry Pi)」[*4]など、オープンソース・ハードウェアの使い方や作り方も教えます。コンピュータが壊れてしまった場合に自分で組み立て直すことができます。

また、プログラマーが用いる概念であるデザイン思考、コンピュテーショナル思考(計算論的思考)についても実践で学びます。前者は社会に存在するさまざまな問題について考え、共通する価値やニーズを探し出す思考法です。後者は解決するべき問題があったときに、その問題を抽象化してとらえたり、細かく分解したりすることで、多くの人たちと協働で解決できるようにする思考法です。

これは言語教育でたとえるなら、第二言語を学ぶようなものです。第二言語を学ぶことで、異なる文化を理解するのにも役立ちます。1日に何時間、週に何時間というふうに固定された単独の科目ではなく、各教科の学習を助長するためにデザイン思考やコンピュテーショナル思考を活用し、そのプロセスを学ぶのです。

教育部（文部科学省に相当）では、デジタルコンピテンシー教育の導入にあたり、教材などを限定することなく、各学校で独自の授業を設計することを推奨しています。各学校は教育を通して地域との連携を深め、一体となったコミュニティ作りに取り組んでいます。

教師と生徒は「共同学習者」である

これは、台湾の教育現場では、実際にこうした教育を実践できる人材が多くいるということでもあります。いまの教師は、生まれたときからパソコンやインターネットが身近にあった「デジタルネイティブ」が多く、デジタルデバイスを扱うことに対して抵抗がありません。もちろん、デバイスやブロードバンド環境もしっかり整備されています。

そもそも、デジタルコンピテンシー教育をカリキュラムに導入しなくとも、特に高校生ぐらいの年齢であれば、おそらく学校での学習とは関係のないプロジェクトにエネルギーを注ぐでしょう。教師が単に、教科書に則《のっと》って一方的に教えるようなスタイルであれば、生徒たちは授業中もスマホを使ってまったく関係のないことをするはずです。それでは教師と生徒の距離はますます離れてしまいます。つまり、デジタルコンピテンシー教育をカリキュラムに導入したのは、教師と生徒を、もっと関わらせるためでもあるのです。

学校・教師は、従来の授業の内容や方法を変えなければならないということです。これは、単に生徒に役立つだけではなく、教師にとっても役立つものです。いま多くの教師は教え方を学び直しているところです。その1つは、パンデミックを原因とするリモート教育のあり方でした。パソコンのスクリーンを通して、いかに生徒に自己学習するように促すか。物理的に生徒と同じスペースにいるわけではないので、トップダウンの授業スタイルを維持するのは非常に難しいからです。すべての生徒がスクリーンの向こう側にいる場合には、トップダウンではなく、パートナーシップを築いて一緒に取り組むような新しいスタイルが必要です。

従来の教育では、「教師が正しい答えを持っている」という考え方が前提にありました。しかし、何が正しいのかが不確かで答えがない社会において、必ずしも教師が正しい解を持っているわけではないことを理解しなければなりません。大切なのは、教師は生徒のために教えるのではなく、生徒とともに学ぶことです。生徒自身が取り組みたいと思うテーマを見つけ、そこに向かい学んでいく過程を、教師はその都度サポートしていくことが大切です。

これはつまり、「共同学習者」になるということです。ですから、先ほど「台湾では教える人材がいる」と言いましたが、これは、いままでどれだけの時間をプログラミングやコンピュータに費やしてきたかよりも、むしろこうした授業にどれだけ順応できるかというオープンなマインドセット（心構え）こそが、はるかに重要であることを意味するのです。

さらに、生徒との共同学習を通じて、教師自身に「生涯学習」が適用されているということでもあります。そうした理解のもと、実際に教師と生徒、学校、親、地域などの間で、鼓舞し合える強いコミュニティが築かれている点は、非常に恵まれていると思います。このコロナ禍では、多くの教師が、自主的に教師間のオンラインコミュニティに参加して、知恵を出し合い学ぶ機会を得ていました。

地域や企業と連携した実践的なプロジェクト

台湾の教育について、もう少しお話しします。

台湾では、教育にいわゆる「キャップストーン・プロジェクト」[*5]を取り入れ、地域コミュニティにも貢献しながら、目的を伴う具体的なプロジェクトの実践を通して学習することを重視しています。地域コミュニティや、社会全体、環境との相互作用を通して、自身がすでに学んだことを実際に問題の解決のために活用する方法や、現状の学習レベルでは到達できていない点などを学べます。

そうした経験が、もっと学びたいという意欲につながります。実際に関わることによって、地域コミュニティや社会の課題に直面し、解決に向けてのステークホルダーの要求についても実感できるからです。行政府としては、台湾の各地域にたくさんある科学技術系企業などと協力・連携し、それら企業がCSR活動の一環として提供する設備やトレーニングの場を通じて、学生がそれぞれ地方創生に取り組めるように環境を整備し、公平な教育を実現しています。

教育分野における社会参画という点で、もう1つ特徴的なのは、「USR（University

Social Responsibility：大学の社会的責任）プロジェクト」の取り組みでしょう。これは、2018年から始まった5か年計画、「ソーシャルイノベーション行動計画」（社會創新行動方案）の一環として教育部が大学教育に取り入れた、社会的責任を実践で学ぶプロジェクトです。大学生や大学院生は、自身が属する地域コミュニティに関して、約2年間のカリキュラムとして取り組むことができます。それぞれの専門知識と創造性を用いて地域の認識と発展を促進するべく、SDGsの17の目標に沿ってプロジェクトを設計できます。

USRのウェブサイトで「プロジェクトマップ」を確認すると、地域ごとのテーマに沿って、個々の大学から出ているアイデアやプロジェクトが、その地域にどのような相乗作用をもたらしているかなどがわかります。

また、起業を支援するプロジェクトもあります。これは大学生レベルでは非常に人気があります。

起業を望む学生は、そのための何か特別なスキルをマスターしておかなければならない、ということではありません。それよりも、スタートアップに際して直面するであろう、喫緊の状況変化に対応するさまざまなスキルを、実践を通してマスターすることになります。

仮に、スタートアップが失敗に終わったとしても、まだ学べることはあります。そのスタートアップで取り組んだ問題について論文を書くなど、学問的な理解に貢献することもできるのです。そもそも、台湾では起業を評価する文化的な伝統がありますが、こうした支援プロジェクトは、学生が探究することを奨励される一種の安全なスペースであり、間違った実行方法というのはありません。彼らはここでさまざまな方法を繰り返し試すことができます。

こうして大学や大学院レベルで基礎教育を受けている間に、地域社会の問題に取り組むことで、その先の進路の可能性は確実にひろがります。地域コミュニティとの関係を切らずに、その地方自治体に戻ってきたり、あるいは、その自治体の発展に寄与できるような仕事を選んだりする可能性が高くなります。私たちはこれを「才能の循環」と呼んでいます。

民主主義の精髄はレジリエントであること

新型コロナウイルスのパンデミックについて、感染者数、重症者数、死者数の点から言うと、独裁主義国家である中国政府による封じ込めの手法は、欧米の民主主義国家よりはるかに優れていると言われています。

しかし、台湾のデジタル民主主義がパンデミック対策にも非常に機能したということは事実です。これまで憲法で認められている緊急事態宣言を発出せず、都市封鎖(ロックダウン)もしていません。これはいわば生きた証拠です。経済についても、2020年のGDP成長率は、中国より台湾のほうが高かったことが数値で示されています。

ただ、ここで言っておかなくてはならないのは、台湾のパンデミック対策がとれたのは、まず武漢の李文亮医師のおかげだということです。彼は肺炎の流行を初期段階で察知し、内部告発をした勇敢な医師ですが、最後はこの感染症により命を落としました。もし彼が、この情報を中国のSNSで配信していなければ、私たちはその事実に気づくこともなく、これほど早い対策をとることができませんでした。文字どおり、李文亮医師は台湾の人々を助けてくれたのです。

2020年1月上旬、その情報が台湾のすべての人に届いたとき、武漢の人々にそのメッセージは届いていませんでした。当局によって情報がコントロールされていたからです。

この時点から十数日のロス期間があり、武漢は結局、1月23日に都市封鎖という強権的な手段をとらざるを得なくなったのです。もし、李文亮医師のメッセージが、より多くの武漢の人々に届いていたとしたら、結果は違うものになっていたのではないでしょうか。もし、中国で言論や表現の自由、報道の自由が認められていたら……?

本書でも繰り返しお話ししてきたように、民主主義は恒久的ではありません。香港で起きていることを見ればわかります。中国は言論・表現の自由を侵害し、メディアを弾圧しています。つまり少し油断したり、慢心したりすると、とりわけパンデミックのような危機の前では、独裁主義に傾いてしまう可能性があるのです。

台湾でもSARSが流行した2003年、中央政府は、現在とはまったく異なることを言っていました。N95マスクの効果について、専門家の間で意見が分かれていたのです。必要であるかどうか、有効であるかどうかについてです。あのとき、中央政府がより独裁的な方向に傾いてしまうのではないかという大きな不安を人々は感じていました。

一方で、世界的にワクチン接種も進んだ現在は、民主主義国家がより独裁的になることを正当化する理由は何もありません。何の言い訳もできないのですから。十分な説明責任を伴った、より民主主義的なシステムの再設計に取り組み始めなければなりません。

民主主義の精髄は、レジリエントであることです。過去の経験から私たちはさまざまなことを学べます。台湾はSARSの経験を教訓に、N95マスクなどの在庫管理を一元化し、官民連携でデジタル技術とオープンデータを活用したシステム構築に取り組んできました。

次のパンデミックが起きるまでの間には、時間があります。この時間を使って、すべての民主主義国家は、台湾がSARS以降、実行してきたことに取り組まなければなりません。緊急事態宣言もロックダウンも発出しなくていいように、最も効率のよい手法を見いだし、それに従えばいいのです。

そうすることで、次にやってくるパンデミックに対してレジリエントになるのです。これは地震に対する備えにも通じます。巨大地震が起きたあとというのは、政府はしばらくの間、非常にパワフルになります。住民を被災地から避難させて、破壊された地域を整地しなければならないからです。

しかしその後の、特定の地域を活性化させるプレイスメイキング（地域開発における場の創造）においては、独裁的なやり方では当然通用しません。東日本大震災後の状況を見ればわかるように、場作りには地域の住民を引き込まなければならないからです。さらには、福島の復興を願う人たちが、その地域を再び活性化させるべく、個人的・社会的なつながりを築かなければなりません。こうした過去の災害を人々が検証することは、将来、起こる地震に対してレジリエントな対応を可能とする、重要な学びです。これは独裁的な努力では実現できません。

そして、地域の復興やレジリエンス強化の点では、誰も置き去りにしないインクルーシブな参加型民主主義が効果を発揮するでしょう。

台湾では、民主主義を常にアップグレードするべく取り組んでいることがありますが、いまは憲法改正について話し合いが進んでいます。台湾では成人年齢が20歳であり、すなわち投票できる権利が得られるのも20歳以上であると憲法に明記されています。しかし、これは本当に奇妙なことです。ほかの多くの国では選挙権を与えられる年齢が法律で定められていますが、台湾では憲法にそれが記されているのです。日本でも成人年齢を18歳に下げました（2022年4月1日より施行）。台湾では18歳が大人として認められる年齢になるまでには、あと数年かかりそうです（この法案は通過して2023年1月施行が予定されている）。

さらに、新しく移民でやってくる人や、永住権を持っていない人など、誰もが有意義に政治に参加できるように参加基準を下げ、よりインクルーシブで民主的な環境作りに取り組んでいます。

「グッド・イナフ」のコンセンサスを後世へつなぐ

私が理想とする民主主義というのは、お互いに親近感を覚えながら、同じリアリティを共有できることです。人は、表現の自由、言論の自由、報道の自由が100%認められて初めて、本当に感じていることを共有できるのだと、強く思います。そういう自由が認められない国では、当局に事前に認められた部分でしか共有できません。そして、1人ひとりが自分の考えを100%表現できて初めて、社会全体が直面している共通の問題や希望、恐怖に対しての理解が促され、共感・共有されたリアリティを形成することができます。

ここまでお話ししてきて、もうおわかりかもしれませんが、私たちが政治や教育などにデジタルツールを用いるのは、何かを「最適化」するためではありません。最適化というのは、いくつかの価値基準を選び出し、それらを組み合わせて最大化することです。いわば理想とするパーフェクトな状態があって、そこに達することがゴールであることを示唆します。

一方で、デジタル民主主義や多元的民主主義において、その価値基準はじつに多様です。市民はそれぞれ、自分なりの価値観を持っているからです。そのため私は「グッド・イナフ（good enough）」のコンセンサス（合意）を持つことを強調しています。完全ではないけれど、「そこまで合意を得られたのなら、前に進めていい」という意味です。

しかしこの「グッド・イナフ」という考え方は常に、将来の世代に対して余地を残します。まだ対話の中に含まれていないけれども、これから徐々に含まれる世代に対してです。子孫は、その時代において自分たちが重要であると考えることに対してやるべき仕事を決めていきます。ですからもし、いま何かを最適化したいというのであれば、私たちが

「グッド・イナフ」の先人になって、後世の人々が起こすイノベーションのために、たくさんの余地を残しましょう。DXはそのようにして一元的ではなく、多元性に向かって変容していくべきです。

＊1 **ミーム**……文化や習慣を複製・伝播させていく情報。
＊2 **国際ファクトチェックネットワーク**……世界中のファクトチェッカーのコミュニティと、偽情報に対抗して事実情報を提唱する人々を結集した組織。2015年に設立されて、世界各国の60以上のメディア・団体が加盟している。
＊3 **ウイルス干渉**……あるウイルスが流行すると、ほかのウイルスの流行が抑制されること。
＊4 **ラズベリーパイ**……コンピュータに最低限必要な基幹部品を1枚の回路基板に搭載したシングルボードコンピュータ。
＊5 **キャップストーン・プロジェクト**……学問の総仕上げとして実施される課題や活動。

参考文献

■書籍

・アイリス・チュウ、鄭仲嵐（2020）『Au オードリー・タン 天才ＩＴ相7つの顔』（文藝春秋）

・エリック・A・ポズナー、E・グレン・ワイル（2019）『ラディカル・マーケット 脱・私有財産の世紀』（東洋経済新報社）

・オードリー・タン（2020）『オードリー・タン デジタルとＡＩの未来を語る』（プレジデント社）

・近藤弥生子（2021）『オードリー・タンの思考 ＩＱよりも大切なこと』（ブックマン社）

■雑誌

・岩坪文子（2020）「オードリー・タン 台湾デジタル担当政策委員 欠陥は未来への招待状 みんな参加を実現した『楽しさの伝道師』」『Forbes JAPAN』２０２０年8月・9月合併号（リンクタイズ）

・柏木孝之（2020）「緊急独占インタビュー ＩＱ１８０・台湾ＩＴ担当大臣 オードリー・タン 親愛なる日本のみなさんに、国家総デジタル化のヒントをお教えしましょう」『プレジデント』２０２０年10月16日号（プレジデント社）

・ニック・アスピンウォール（2020）「コロナで見せた台湾の力量」、近藤弥生子（2020）「台湾ＩＴを牽引するデジタル大臣の底力」、エバン・ファイゲンバウム、ジェレミー・スミス（2020）「戦略的技術革新で世界の先へ」、ニコル・チャオ（2020）「中国より株を上げた賢いマスク外交」いずれも『Newsweek 日本版』２０２０年7月21日号（ＣＣＣメディアハウス）

・東昌樹（2020）「編集長インタビュー［台湾・行政院政務委員（IT担当大臣）］オードリー・タン氏 デジタルは自由のために」『日経ビジネス』2020年9月21日号（日経BP）
・鄭仲嵐、福田恵介（2020）「スペシャルインタビュー 台湾・行政院政務委員、デジタル大臣 唐鳳 台湾デジタル社会は健全、中国と大きな差をつけた」『週刊東洋経済』2020年2月1日号（東洋経済新報社）

■番組・動画
・NHK Eテレ（2020.10.3）『ズームバック×オチアイ特別編 落合陽一、オードリー・タンに会う』
・［YouTube］日テレNEWS（2020.12.28）「〝天才〟オードリー・タン大臣を直撃！『新型コロナ』で未来は？ 慶応大・宮田裕章教授と特別対談（2020年12月24日放送 BS日テレ『真相NEWS』より）」
・［YouTube］ANNnewsCH（2020.10.26）「〝分断〟進む世界でオードリー・タンが語る〝前向きな未来〟【報ステ×未来を人から完全版】【Audrey Tang 唐鳳】【未来をここから】」
・［YouTube］One Okinawa JC（2020.10.12）「〝オードリー・タン流〟#デジタルは自由のために『おきなわ新時代への道を拓け！』AUDREY TANG × JCI OKINAWA」
・［YouTube］TBS NEWS（2020.10.28）「台湾〝天才〟大臣 オードリー・タン直撃、『日本の若者へ』【あさチャン！】」

■ネット記事
・石田耕一郎（2021.1.8）「タピオカのストローを脱プラ 少女が台湾政府を動かした」「朝日新聞DIGITAL」
・石田耕一郎（2021.1.14）「傷めなかった民主主義、抑えた感染 オードリー・タン氏」「朝日新聞DIGITAL」

- 石田耕一郎（2021.3.1）「『政府は国民を信頼して』オードリー・タン氏からの提言」「朝日新聞 DIGITAL」
- 石田耕一郎（2021.7.6）「オードリー・タン氏開発のワクチン予約『弱者』に配慮」「朝日新聞 DIGITAL」
- 石田耕一郎（2021.9.1）「デジタル化、信頼を大切に オードリー・タン氏 朝日地球会議 2021」「朝日新聞 DIGITAL」
- 石田耕一郎（2021.9.20）「迫るのではなく共に進める オードリー・タンさんが目指すデジタル化」「朝日新聞 DIGITAL」
- 石田耕一郎（2021.10.24）「オードリー・タン氏が自ら投稿 デジタル時代の『ガラス張り』行政」「朝日新聞 DIGITAL」
- 伊豆陸（2020.4.14）「SARS の経験を土台にデジタル活用で先手を打つ台湾の新型コロナウイルス対策」（NRI 野村総合研究所）
- 猪熊律子（2021.3.2）「『マスクから考える『ピンク』問題』…色に女の子、男の子はあるのか」「読売新聞オンライン」
- 岩坪文子（2020.7.28）「【全文】オードリー・タン独占インタビュー『モチベーションは、楽しさの最適化』」「Forbes JAPAN 電子版」（リンクタイズ）
- 運輸安全 JOURNAL（2020.10.6）「アジア初、２０２０年3月1日 台湾でアルコールインターロック法施行開始」（東海電子）
- 小笠原欣幸（1998）「台湾の民主化と憲法改正問題」（東京外国語大学ウェブサイト内）
- 岡村志嘉子（2013）「台湾の個人情報保護法」『外国の立法 No.258』２０１３年12月号（国立国会図書

館調査及び立法考査局）
・尾見信輔「Regulatory Sandbox」（日立総合計画研究所）
・柏村祐（2021.8.20）「台湾行政プラットフォーム『ジョイン』の衝撃」（第一生命経済研究所）
・狩野修二（2018）「台湾のオープンガバメント・データ――世界ランキング No.1 の現状と課題」『アジ研ワールド・トレンド No.268』（日本貿易振興機構アジア経済研究所）
・河合基伸（2019.6.27）「医療データを一元管理する台湾、検査画像の収集も始まる」「日経クロステック」（日経ＢＰ）
・河上伸之輔（2021.11.25）「【無料公開】オードリー・タン氏登壇 多様性フォーラム」「SDGs ジャーナル」（SDGs 支援機構）
・岸本千佳司（2020）「台湾における学生起業支援政策」『東アジアへの視点』２０２０年12月号（アジア成長研究所）
・栖来ひかり（2020.12.30）「オードリー・タン『ひまわり学生運動は大災害級のうねりだった』」「WEB Voice」（ＰＨＰ研究所）
・黒鳥社（2020.4.14）「ホログラムで市民と対話⁉ 全世界が注目する台湾の〝デジタル大臣〟オードリー・タンが語る COVID-19 対策と新しいデモクラシーのかたち」
・幻冬舎 GOLD ONLINE（2021.4.12）「かつて立法院を占拠した台湾天才ＩＴ大臣が語る、自らのルーツ」
・近藤弥生子（2021.3.29）「台湾オードリー・タン『透明性』への驚異の信念」「東洋経済 ONLINE」（東洋経済新報社）

・近藤弥生子（2021.4.5）「台湾オードリー・タンが目指す『革命』の超本質」「東洋経済ONLINE」（東洋経済新報社）
・上代瑠偉（2021.3.2）「台湾の天才IT大臣オードリー・タン氏、AIと偏見の問題は『常に考えている』」「AI（人工知能）関連メディア Ledge.ai」（レッジ）
・末岡洋子（2020.9.23）「『3つのF』で抑え込みに成功――オードリー・タン氏が語った、台湾の新型コロナ対策」「DIAMOND SIGNAL」（ダイヤモンド社）
・台湾『今週刊』（2020.7.30）「台湾『デジタル大臣』が生んだ政治の新スタイル」「東洋経済ONLINE」（東洋経済新報社）
・坪井千隼（2021.2.24）「〈民主主義のあした〉誰もが参加『デジタル民主主義』が築く未来 オードリー・タン氏」「東京新聞 TOKYO WEB」
・日本経済新聞 電子版（2021.11.16）「LEADERS VISION『Well-being な未来』を実現する デジタル活用の課題と展望」（「NEC Visionary Week 2021」 2021年9月14日セッション抄録）
・日本台湾交流協会東京本部 貿易経済部「台湾の新型コロナウイルスへの対応」『交流 No.953』 2020年8月号（日本台湾交流協会）
・ハフポスト日本版編集部（2020.8.25）「オードリー・タン『日本人は未来に住んでいるようだった』。台湾の天才大臣が語った来日時の記憶【インタビュー全文：その①】」「HUFFPOST」
・ハフポスト日本版編集部（2020.8.25）「オードリー・タン『台湾の大臣は、35歳以下の若手にアドバイスをもらう』→政治を変える方法がすごい【インタビュー全文：その②】」「HUFFPOST」

- ハフポスト日本版編集部（2020.8.25）「オードリー・タンに聞いた『分断なくせる?』→『全ての人がマイノリティ』【インタビュー全文：その③】」「HUFFPOST」
- ハフポスト日本版編集部（2020.8.25）「オードリー・タンが心に余裕を持つ秘訣【インタビュー全文：その④完】」「HUFFPOST」
- 伴正春（2020.11.25）「台湾LINEのファクトチェック、コロナ偽情報防ぐ」「日本経済新聞 電子版」
- フォーカス台湾 中央社（CNA）日本語版（2021.5.19）「台湾、入店客の登録システム開発 スマホかざし『5秒で完了』感染調査に利用」
- 福岡静哉（2020.12.13）「互いを尊重する社会を目指すには――台湾の『天才大臣』オードリー・タン氏が語る」「毎日新聞デジタル」
- 福岡静哉（2021.3.1）「台湾、尊重し合う社会へ ＩＱ１８０の『天才大臣』奔走 オードリー・タン氏」「毎日新聞デジタル」
- 福田恵介（2020.7.15）「台湾の超天才『唐鳳』が語るデジタル教育の本懐」「東洋経済ONLINE」（東洋経済新報社）
- 藤重太「台湾コロナ対策で判った台湾のデジタル健康保険制度の凄さ」『交流 No.959』２０２１年２月号（日本台湾交流協会）
- マルク・マーミノ、レイン・バンデンバーグ（2021.4.16）「コロナ封じ込め『デジタル監視』を台湾人が受け入れる理由」「Newsweek日本版 デジタル版」（ＣＣＣメディアハウス）
- メリッサ・ニューカム（2021.9.17）「台湾『デジタル民主主義』と中国『デジタル権威主義』の決定

的違い」「Newsweek 日本版 デジタル版」（CCCメディアハウス）
・桃井裕理、伊原健作（2020.11.15）「オードリー・タン氏が描く世界 民主主義再生へ道示す CIVIC × GOV テック（番外編）」「日本経済新聞 電子版」
・森ユースケ（2020.10.26）「『デジタルで民主主義深める』『全ての人がマイノリティ』〝分断〟進む世界でオードリー・タンが見る〝前向きな未来〟」「テレ朝 POST 未来をここからプロジェクト」
・山口県（2021.4.1）「オードリー・タン大臣とのオンライン特別対談 対談録」
・湯川鶴章（2020.7.16）「ユヴァル・ノア・ハラリ×オードリー・タン対談（3/2）――母親より自分のことを知る存在にどう対処すべきか」「Newsweek 日本版 デジタル版」（CCCメディアハウス）
・湯川鶴章（2020.7.17）「ユヴァル・ノア・ハラリ×オードリー・タン対談（3/3）――市民の力で新型コロナウイルスを克服した台湾モデルが世界に希望をもたらす」「Newsweek 日本版 デジタル版」（CCCメディアハウス）
・湯けむりフォーラム（2021.10.8）「台湾オードリー・タン大臣と語る、デジタルが創り出す未来」（群馬県）
・連合 運動企画局（2021.9.1）「オードリー・タン氏特別講演 これからのデジタル×ダイバーシティ×デモクラシー①」「連合ダイジェスト」（日本労働組合総連合会）
・連合 運動企画局（2021.9.2）「オードリー・タン氏と一問一答 これからのデジタル×ダイバーシティ×デモクラシー②」「連合ダイジェスト」（日本労働組合総連合会）
・鷲尾和彦（2021.2.1）「民主化と『イノベーション』とは同義。オードリー・タン氏が語る台湾の『上翼（アップウイング）』という発想」「博報堂WEBマガジン センタードット」
- 渡辺将人（2021.11.8）「デジタル技術と政治の新潮流（番外編）オードリー・タンと語る『Democracy, Social Media and America』」（笹川平和財団）
- ANDREW LEONARD、TAKAKO ANDO/LIBER（訳）（2020.11.13）「オードリー・タン：台湾のデジタル担当大臣は、いかにパンデミック対策を成功させたか（前篇）」「WIRED」（コンデナスト・ジャパン）
- ANDREW LEONARD、TAKAKO ANDO/LIBER（訳）（2020.11.20）「オードリー・タン：台湾のデジタル担当大臣は、いかにパンデミック対策を成功させたか（後篇）」「WIRED」（コンデナスト・ジャパン）
- Chris Horton（2018.8.21）「The simple but ingenious system Taiwan uses to crowdsource its laws」「MIT Technology Review」
- Colin Megill（2016.5.25）「pol.is in Taiwan」（pol.is blog）
- CrowdLaw for Congress「vTaiwan Using Digital Technology to Write Digital Laws」
- Flow AI Blog編集部「限られた資源でデータ処理！デマ撃退の専門家のCofactsとその手法」「FLOW AI BLOG」（日本FLOW）
- IVS（Infinity Ventures Summit）（2020.12.10）「かつて国会を占拠したオードリー・タン氏 台湾デジタル担当大臣が語った、自らのルーツ」「ログミーBiz」（ログミー）
- IVS（Infinity Ventures Summit）（2020.12.11）「16才少女が『学校の宿題』で社会制度を変える国、台湾 オードリー・タン氏が語る、デジタル開発と社会的不平等の関係」「ログミーBiz」（ログミー）

・IVS（Infinity Ventures Summit）（2020.12.14）「民主主義は技術であり、イノベーションである オードリー・タン氏が贈る、希望のメッセージ」「ログミーBiz」（ログミー）
・Jonas Glatthard、Bruno Kaufmann、鹿島田芙美（訳）（2021.5.15）「オードリー・タン氏『SNSは国を簡単に無視できる』」「swissinfo.ch」
・LINE株式会社（2020.12.8）「オードリー・タン氏が語る、テクノロジーの3つの役割 コロナウィルス対策での『速い、公平、楽しい』の実現」「ログミーBiz」（ログミー）
・mamisada（2019.6.26）「Civictechで社会を変える。実際に市民活動から台湾デジタル大臣になったオードリーさんとCode for Japan代表・関の対談インタビュー（前編）」
・mamisada（2019.11.24）「Civictechで社会を変える。実際に市民活動から台湾デジタル大臣になったオードリーさんとCode for Japan代表・関の対談インタビュー（後編）」
・mamisada（2019.12.31）「会いにいける大臣。教育インタビュー1（STEAM教育・プログラミング教育編）」
・Maurizio Di Paolo Emilio、田中留美（訳）（2020.7.3）「台湾の『電子フェンス』携帯の電波のみで自宅待機者を追跡」「EE Times Japan」（アイティメディア）
・MAYA NAGO（2020.8.21）「『完璧を目指そうとしなくていい』――台湾のデジタル大臣、オードリー・タンが目指す政府と社会。」「Vogue Japan」（コンデナスト・ジャパン）
・Nen Nishihara（2021.8.5）「『選挙にブロックチェーンを導入する必要性はあるか』オードリー・タン氏にインタビュー⑤」（BTCボックス）

- NHK NEWS WEB（2021. 4.23）「使いやすいシステムを早く作ることが重要 オードリー・タン氏」
- NHK NEWS WEB（2021.5.20）「台湾 コロナ感染者の接触者たどる新ツール〝5秒で手続き完了〟」
- NoMaps（2020.10.15）「【動画・書き起こし全公開】オードリー・タン氏登壇セッション『市民生活とテクノロジーの調和』」（「NoMaps カンファレンス」２０２０年10月14日オープニングセッション全文書き起こし）
- PLAZMA by TREASURE DATA（2020.7.14）「データと社会の関係性を『会いに行ける大臣』と考えよう オードリー・タン氏×関治之氏×若原強」
- Renat Kuenzi（2019.12.16）「台湾のデジタル民主主義からスイスが学べること」「swissinfo.ch」
- Renat Kuenzi、鹿島田芙美（訳）（2021.12.2）「スイスが台湾モデルから学べること」「swissinfo.ch」
- Road Traffic Safety Portal Site（交通安全入口網）（2019.6.25）「２０１９酒駕新法」
- Shelley Shan（2021.5.20）「New free SMS service to bolster contact tracing」「TAIPEI TIMES」
- Shoko Takaki（訳）、Rikuto Koyanagi（レビュー）（2020.6.22）「オードリー・タン・TED2020 どうやってデジタルイノベーションがパンデミックと闘い民主主義を強固にできるのか」（TED）
- TAIWAN TODAY 日本語ウェブサイト（2021.7.12）「台湾のワクチン接種率14％に、16日からワクチン接種予約システムを統一」
- TAIWAN TODAY 日本語ウェブサイト（2019.8.16）「サンドボックス実験成功、信用情報の無い人でも携帯番号で個人ローン申請可能に」
- THE GENERAL ASSOCIATION OF CHINESE CULTURE（中華文化總會）（2018.6.1）「台灣首次！

首屆總統盃黑客松 6/2 決賽 10組團隊集思提升全民福祉」
- yahoo! 新聞（2021.1.19）「一定要『封院』嗎?. SARS 和平醫院封院血淚回顧 18年後有更好解方嗎」
- 劉若芬（2012.12.20）「認識個人資料保護法」「国立台湾大学 計算機及資訊網路中心 電子報」
- 龍珮寧、劉嫈楓、山口雪菜（訳）（2017）「オープン・ガバメントを追求する g0v 零時政府のシビックハッカ」「Taiwan Panorama」２０１７年８月号
- 劉麗榮（2018.12.8）「民眾提點子成案 剝奪人民基本權不能公投」「中央社（CNA）」
- 池雅蓉（2019.10.20）「市民と連携して偽情報と闘う 台湾のファクトチェックの多様な取組み」「InFact」（インファクト）
- 彭杏珠（『遠見雜誌』）（2020.3.9）「SARS 和平醫院封院慘劇歷歷在目，超級傳播者會重現台灣嗎?.」「LINE TODAY」
- 錢瓊毓（2020.7.16）「台湾における COVID-19 対応」（武見基金 COVID-19 有識者会議）
- 曾蘭淑、山口雪菜（訳）（2020）「偽情報と戦う Dr. Message と Cofacts」「Taiwan Panorama」２０２０年８月号
- 中華民国總統府（2020.9.20）「總統出席『２０２０總統盃黑客松頒獎典禮』」
- 王揚宇、范正祥（2020.12.26）「台湾、民法の成人年齢を18歳に引き下げへ 23年元日から施行」「フォーカス台湾 中央社（CNA）日本語版」（エキサイトニュース）
- 丘美珍（2021.3.1）「オードリー・タンの新世紀提言：デジタル民主主義が女性と若者を動かす」「nippon.com」

編集協力　内藤弓佳（コトノハ㈱）
校閲　鶴田万里子
山田賢一
ＤＴＰ　㈱ノムラ

大野和基 おおの・かずもと
1955年、兵庫県生まれ。国際ジャーナリスト。
東京外国語大学英米学科卒業。79年に渡米。
コーネル大学で化学、ニューヨーク医科大学で基礎医学を学ぶ。
現地でジャーナリストとして活躍後、97年に帰国。
現在、世界的な識者への取材を精力的に行っている。
編著に『コロナ後の世界』(文春新書)、
『5000日後の世界』(PHP新書)、
共著に『英語の品格』など多数。

NHK出版新書 670

オードリー・タンが語る
デジタル民主主義

2022年2月10日 第1刷発行

著者 大野和基［インタビュー・編］
発行者 土井成紀
発行所 NHK出版
〒150-8081 東京都渋谷区宇田川町41-1
電話 (0570) 009-321(問い合わせ) (0570) 000-321(注文)
https://www.nhk-book.co.jp (ホームページ)
振替 00110-1-49701

ブックデザイン albireo
印刷 壮光舎印刷・近代美術
製本 二葉製本

Printed in Japan ISBN978-4-14-088670-0 C0231

NHK出版新書好評既刊

商業美術家の逆襲
もうひとつの日本美術史
山下裕二
従来の日本美術史の枠をはみ出した破格の商業美術家の作品をカラーで多数収載。浮世絵からマンガまで、知られざる「美の系譜」を明らかにする！
666

日本人の宿題
歴史探偵、平和を謳う
半藤一利
保阪正康［解説］
「昭和史の語り部」として慕われた半藤一利さん。没後一年、NHKラジオ番組での「語り」をもとに再構成した日本人への「遺言」。保阪正康の解説付き。
668

「旧制第一中学」の面目
全国47高校を秘蔵データで読む
小林哲夫
「地元最強ブランド」の根拠は何か。なぜステータスを維持する学校と失う学校があるのか。明治から令和までの逸話が満載、教育関係者も必読！
669

オードリー・タンが語るデジタル民主主義
大野和基［インタビュー・編］
市民参加型の政治討論、新しい投票方法の導入、徹底した情報公開…。台湾の天才デジタル大臣が、民主主義の革新的なモデルの精髄を説く。
670

テルマエと浮世風呂
古代ローマと大江戸日本の比較史
本村凌二
アッピア街道と東海道から権力のあり方を考え、ワインと日本酒から民衆の暮らしに思いを馳せる。異なる歴史を比べて愉しむ10のエッセイ。
671